ケースで学ぶ
異文化コミュニケーション

誤解・失敗・すれ違い

久米昭元・長谷川典子 著

有斐閣選書

はしがき

　本書は，異文化コミュニケーション研究への実践的入門書である。現在の日本は多くの外国籍の人々が住む多文化社会になっており，また旅行や留学，ビジネスなどさまざまな理由で海外に赴くことも珍しいことではなくなっている。つまり，私たちにとって文化的背景の異なった人々と接触し交流することは日常の一風景となりつつあり，異文化コミュニケーションはけっして一部の人だけに起こる珍しい出来事ではなくなっている。しかしながら，この日常的で平和な風景の中には，実はさまざまな誤解，軋轢，すれ違いの種が潜んでおり，そのなかで人知れず傷つき，怒り，悲しんでいる人々が数多く存在していることを忘れてはならない。

　また，異文化コミュニケーションといえば，外国人との交流だけを意味すると考えている人が多いようだ。しかし，実際はそれだけが異文化コミュニケーションとはいえない。例えば，日本人同士でも，上司と部下や教師と生徒，親と子のように地位や役割の違いによって，相手がまるで別世界に住んでいる人のように感じることがあるだろう。また，異性の友人や知人，職場の同僚などに対して何気なく発した自分の言葉が予想だにしない受け取られ方をして驚いたという経験をした人も多いのではないだろうか。このように，世代，役割，性別など個人の背景の違いによっても，まさに「小さな異文化コミュニケーション」といえるような文化摩擦が生じている。したがって，本書では，国籍をはじめ，民族，地域，言語，宗教，世代，立場，職業，ジェンダーなど，何らかの属性で差異がある人々の間で起きているコミュニケーションを

すべて異文化コミュニケーションとみなし，取り扱うこととする。

　本書を貫く基本テーマは「他者との出会いを捉えなおす」である。「他者」とは，すなわち何らかの違いをもった「異文化」の人であり，その人とのコミュニケーションは「異文化コミュニケーション」である。このように捉えなおして初めて，「他者」との接触・やりとりにおいては，誤解や摩擦が起こることは元来避けられず，問題はそれらにいかに対処するかにあるというように考え方を改めることができると著者たちは考えている。

　本書のねらいは，さまざまな誤解，すれ違いの事例の原因を読者1人ひとりに多様な角度から掘り下げ，考えてもらうことにある。1つひとつのケースをあたかも自身に起こった問題であるかのように捉え，分析し，自分なりの解釈を出し，それを他者に伝えるという過程を経ることで，自己の価値観や考え方の癖に気づくことができよう。また，その気づきをもとに，よりよい異文化コミュニケーターに少しでも近づくことができるようにと願いつつ執筆した。本書が，大学，大学院，そのほか多文化共生社会で生きようとする人々による地域での勉強会，ワークショップ等で活用されれば光栄である。

　なお，執筆分担については，印のない箇所は久米が担当し，長谷川が担当したケースやコラムには文末に［H］と記した。また，課題については，共同で作成した。

著者紹介

久米 昭元（くめ てるゆき）

現職 異文化コミュニケーションコンサルタント（元立教大学教授）

主著 『はじめて学ぶ異文化コミュニケーション』（共著）有斐閣，2013年／『異文化コミュニケーション事典』（共編著）春風社，2013年／『多文化社会日本の課題』（共編著）明石書店，2011年／Contrastive Prototypes of Communication Styles in Decision-Making: Mawashi Style vs. Tooshi Style. Michael B. Hinner ed. *The Influence of Culture in the World of Business*. Frankfurt am Main, Peter Lang, 2006／『異文化コミュニケーション研究法』（共編著）有斐閣，2005年／『異文化コミュニケーションの理論』（共編著）有斐閣，2001年／『感性のコミュニケーション』（共著）大修館書店，1992年

長谷川 典子（はせがわ のりこ）

現職 北星学園大学文学部英文学科教授

主著 『はじめて学ぶ異文化コミュニケーション』（共著）有斐閣，2013年／「『韓流』再考――韓流ドラマの感情移入的視聴による偏見逓減効果の検証をもとに」『多文化社会日本の課題――多文化関係学からのアプローチ』明石書店，2011年／「韓国製テレビドラマ視聴による態度変容の研究」『異文化間教育』第25号，2007年／「対韓イメージの質的研究II」『異文化コミュニケーション』第10号，2007年／A Quantitative Analysis of Japanese Images of Korea. *INTERCULTURAL COMMUNICATION STUDIES*, Vol. XV: 1, 2006／「メッセージを読み解く――内容分析の方法」『異文化コミュニケーション研究法』有斐閣，2005年

本書の使い方

本書の特徴

　本書の特徴は，現在急速に進行中であるグローバル化社会にいる私たちのまわりで起こっているケース（事例）を紹介し，それぞれを多角的に考察できるように工夫を凝らしているところにある。例えば，ケース紹介の後には「課題」があるが，これは，クラス，あるいは学習サークルなどの場で取り上げることを想定して用意されている。課題においては，参加者同士で話し合い，発表をするといったように，能動的な学習を促すことをねらいとした。また，他者とは異文化であり，他者との意見交換から学ぶことそれ自体が異文化コミュニケーションの実践であるという本書を貫く考えをもとにこれらの課題が書かれているため，読者には，できる限り，ケースについて他の人々の意見を聞き，そこから多くを学んでほしい。

全体の構成

　本書は全体が5つの部分に分けられている。まず序章「現代社会と異文化コミュニケーション」で，私たちを取り巻く現代社会を概観し，本書の背景となる文化，コミュニケーション，異文化コミュニケーションの概念を整理し，第Ⅰ部以降への導入とする。第Ⅰ部では，日本国内で起きる誤解や摩擦として，日本に滞在している外国人や海外から帰国した日本人が経験する摩擦，さらには日本人同士で起きるすれ違いや摩擦について紹介する。続く第Ⅱ部では，海外で起きる誤解や摩擦として海外留学，海外赴任，海外旅行の場におけるケースを取り扱う。第Ⅲ部では，国の内外で起きているさまざまな交流の諸相を，国際交渉，国際協力，およびメディア報道に大別して取り上げる。最後に，終章では，それまでの学びのまとめとして異文化摩擦の要因を概説した。なお，各章の構成と使い方は次の通りである。

各章の構成と使い方

【概説】

第1章から第9章までは，各章で取り上げるテーマについて，それを取り巻く経緯，現状，問題点などを2～3項目に分けて簡潔に紹介した。

【ケース】

本書で取り上げるケース（事例）のもとになったストーリーは，その大部分が1980年代から2006年までに著者らが直接経験したか，見聞きしたこと，国内外での調査，および日本のテレビ，新聞等のメディアで報じられたもの，関連図書から援用したものなどに基づいている。そのほかに，これまで長年にわたって担当してきた「異文化コミュニケーション論」の授業やゼミ，研究会，講演会などで接してきた大学生，大学院生，社会人から聞いた実体験なども含まれている。

個々のケースは起こった時と場所，経緯，関与した人物とその背景などが複雑に絡まっているが，ここでは，当事者の視点を中心にしつつ，起こった事柄の要点のみをごく簡潔に紹介している。ケースはできるだけ今後もグローバル化社会で生きる読者に考えてもらいたい問題や，今後読者が見聞き，または直接経験する可能性の高いものを選んだ。なお，ケースに登場する名前は一般によく知られている人物以外は，仮名である。ほとんどが実際に起きたことに基づいてはいるが，それぞれのストーリーには本書の目的に照らしてそれなりの脚色がなされていることを断っておきたい。

【設問】

各ケースを読み終えた読者にさまざまな解釈・考察を促すきっかけとしてもらうために，1つの「設問」を用意した。ケースを読み終えた瞬間に，摩擦やすれ違いが生じた原因がどこにあり，どこですれ違っていたのかといった解釈ができる場合も，できない場合もあるだろうが，少なくともこれだけは考えてほしいという問題の一例としてそれぞれの設問を用意した。もちろん，同じケースから，別の設問を考えてみることも十分可能であるので，読者自身もぜひ試みてほしい。

【考察】

「設問」に対する著者の解釈として1つの「考察」を試みた。しかし，人間のコミュニケーション行動において絶対的に正しい解釈といったものはない。著者自身の経験もものの見方もごく限られたものであり，ここでの考察はあくまで多種多様な解釈の一例にすぎず，批判的な目で捉えなおすこともおおいに歓迎したい。また，著者の解釈を読む前に，読者はしっかり自分の頭で考え，答えを出し，できる限り他の参加者との意見交換を試みてほしい。そういった考察や解釈の繰り返しを通して初めて，自身のものの見方の偏りに気づくことができるからである。

【課題】

「考察」の後に，紹介したケースに関連して，グループ作業などを通じてさらに学習を深める目的で用意したものが「課題」である。例えば，特定のテーマで賛否両論に分かれて行う「ミニ・ディベート」，あるいは，「こんなときどうする？」といったクイズ風の課題に対する意見交換など，参加者が能動的に学べるように工夫した。さらには，「ロールプレイ」「調べてみよう」などといった形で，読者が自主的に学習を進めることができるよう，さまざまな課題も用意した。

【コラム】

第Ⅰ部から第Ⅲ部までの各章に，関連する内容の専門用語や豆知識，理論の紹介などを行う囲み記事（コラム）を必要に応じて設けた。

【参考文献】

巻末に，異文化コミュニケーション，文化摩擦を中心とした参考文献を付けた。

【索引】

巻末に，本書に出てきた異文化コミュニケーション研究に必須のキーワードを五十音順にまとめた。

目　次

はしがき　i
著者紹介　iii
本書の使い方　iv

序　章　現代社会と異文化コミュニケーション　1

現代に生きる　1
コミュニケーション　3
文　化　4
異文化コミュニケーション　5
異文化衝突・摩擦　7

第Ⅰ部
国内で起きる摩擦

第1章　日本在住外国人　11

外国人の社会生活　12
外国人の権利　12
ケース1　ユンさんの葛藤　…………………………………　14
ケース2　ベトナム難民ホアさんの死　………………………　17
〈コラム〉海外で事故に巻き込まれたら　18
〈コラム〉偏見やステレオタイプはなぜ起こる？　23
ケース3　もうこりごりホストファミリー　………………………　24
ケース4　金髪ALT（外国語指導助手）クリスティーナさん
の悩み　…………………………………………………　29
〈コラム〉みんな一緒の意見？　30
留意点　………………………………………………………　35
「ガイジン」vs.「外国人」　35
エスニック・ネットワーク　36

vii

第2章　帰国日本人　39

　　帰国児童・生徒の適応　40
　　ケース1　純君のアイデンティティ・クライシス ……………… 41
　　ケース2　バイリンガル帰国生，緑さんの苦悩 ……………… 45
　　〈コラム〉　日本人ってどんな人　46
　　ケース3　「帰国オババ?」由香里さんの逆カルチャーショック ……………………………………………………………… 50
　　留意点 …………………………………………………………… 54
　　黒か白かの決着　54
　　〈コラム〉　逆カルチャーショックの研究　55
　　国際ボランティアの帰国後　57

第3章　共文化コミュニケーション　59

　　世代間ギャップ　59
　　ケース1　車椅子での生活になって ……………………… 62
　　ケース2　「セクハラ」社長との戦い ……………………… 67
　　〈コラム〉　中央志向——共通語と方言　68
　　ケース3　紗枝さんの怒り ………………………………… 73
　　〈コラム〉　ジェンダーギャップはなぜ起きる?　78
　　ケース4　同性愛者ってどんな人?——美恵子さんの語りから ……………………………………………………………… 79
　　留意点 …………………………………………………………… 84
　　小さなカルチャーショック——地域差にみる異文化コミュニケーション　84
　　結婚＝異文化コミュニケーション?　86

第Ⅱ部
海外で起きる摩擦

第4章　海外留学　91

　　留学先での異文化不適応　91
　　ケース1　クラスメイトの冷たい視線 ……………………… 93
　　ケース2　寸劇に大抗議デモ ……………………………… 96
　　〈コラム〉　サポート・ネットワーク　97

ケース3　アカデミック・アドバイザーとの面会 ………… 100
　　〈コラム〉不安・不確実性減少理論　101
　留意点 ……………………………………………………… 106
　　アメリカ留学生活――「何でもはっきり」の落とし穴　106
　　友人はどこに？　107

第5章　海外赴任

　赴任決定後の準備　109
　　求められる危機管理　111
　ケース1　解雇したい従業員 …………………………… 112
　ケース2　駐在員夫人の狼狽 …………………………… 114
　　〈コラム〉パーティのお返しは？　117
　ケース3　実るほど頭を垂れる稲穂かな？ …………… 117
　ケース4　高くついた看板代 …………………………… 120
　　〈コラム〉オフィススペース感覚あれこれ　121
　留意点 ……………………………………………………… 123
　　現地従業員を理解するには　123
　　〈コラム〉リーダーシップ・スタイルと異文化シナジー効果　124

第6章　海外旅行

　旅先での焦燥　127
　　日本人旅行者に対するイメージ　128
　ケース1　キャビン・アテンダントとの会話 ………… 130
　ケース2　初めての韓国旅行 …………………………… 133
　　〈コラム〉ホストとゲストの相互関係としてのツーリズム　137
　ケース3　気づいたら麻薬の密輸入？ ………………… 138
　　〈コラム〉コミュニケーションとしてのチップ　142
　ケース4　生牡蠣で吐き気 ……………………………… 143
　留意点 ……………………………………………………… 145
　　お客様は神様ではない!?　145
　　気後れは禁物　146
　　安全神話からの脱却　147

第Ⅲ部
国際舞台で起きる摩擦

第7章　国際交渉　　　　　　　　　　　　　　　　　　　　151

交渉とは　*151*
戦後の日本外交　*152*
交渉の準備　*152*
ケース1　湾岸危機時の日米交渉 ································ *154*
　〈コラム〉　異文化コミュニケーション能力とは　*159*
ケース2　露と消えた名古屋オリンピック ················· *160*
ケース3　捕鯨の再開は不可能？ ···························· *165*
　〈コラム〉　国際ビジネス交渉　*166*
留意点 ··· *171*
多国間交渉のハードル　*171*
交渉力　*172*

第8章　国際協力　　　　　　　　　　　　　　　　　　　　175

日本の国際協力　*176*
ケース1　ほしいのはお茶だけ？ ···························· *177*
ケース2　協力隊員山崎さんの戸惑い ······················ *182*
　〈コラム〉　女性のエンパワーメントと文化相対主義　*183*
ケース3　ディミュロ審判の帰国 ···························· *189*
　〈コラム〉　フェイス交渉理論　*193*
ケース4　誰のための歴史資料館？ ························· *194*
留意点 ··· *198*
持続可能な社会に向けて　*198*

第9章　マスメディアとパーセプション・ギャップ　　　201

マスメディアの報道　*201*
ケース1　ルワンダの悲劇 ······································ *202*
ケース2　拒絶された原爆展 ··································· *208*
　〈コラム〉　感情移入による偏見・ステレオタイプの逓減効
　果　*214*

ケース3　「冬ソナおばさん？」の嘆き ………………… *215*
　留意点 …………………………………………………………… *221*
　　メディア・ウオッチの必要性　*221*

終　章　異文化摩擦の要因 *223*

1. 「人みな同じ」の思い込み　*224*
2. 「間違い探し？」の傾向　*224*
3. 意味は言葉にあり？　*226*
4. 非言語コミュニケーション①――時間感覚　*226*
5. 非言語コミュニケーション②――空間感覚　*228*
6. 固定観念を抱く――ステレオタイプ　*228*
7. 人を見下す――偏見　*229*
8. これだけは譲れない――価値観　*230*
9. これだけはしてはいけない――倫理観　*232*
10. 問題解決への道筋――思考法　*233*
11. 一番賢いのは私たち？――自文化中心主義　*234*
12. ちょっと待て！――即断の傾向　*235*

あとがき　*237*
参考文献　*239*
索　引　*251*

　　　　　　　　　　　　　　　　　　　イラスト：オカダケイコ

本書のコピー，スキャン，デジタル化等の無断複製は著作権法上での例外を除き禁じられています。本書を代行業者等の第三者に依頼してスキャンやデジタル化することは，たとえ個人や家庭内での利用でも著作権法違反です。

序章

現代社会と
異文化コミュニケーション

現代に生きる

　21世紀に入り，日本社会はグローバル化がいっそう進んだ。世界第2位の経済大国で大量消費社会に住む私たちにとっては，世界各地からもたらされた物が街にあふれ，生活面での便利さが大幅に増してきたことは疑う余地がない。科学技術，なかでも通信技術の進歩は著しく，携帯電話やパソコンなどが国民の大多数に浸透し，今や国境を越えて電子メールやインターネットを利用することもすっかり一般的になった。そのためか，日常生活のペースが加速し，人々の受けるストレスも並大抵のものではなくなっているように思えて仕方がない。今でも，農山村や漁村に行けばある程度はゆったりした時の流れを感じることができるのかもしれないが，それでも国全体が限りなく都市化の過程にあるように思える。

　都市化現象が急速に進むなかで，人と人との関わり方が以前と比べてずっと希薄になっている。最近のニュースをみていると，幼児虐待や子どもが親を，そして親が子を殺害するなど，これまでの常識では考えられないような悲惨な事件が次々に起きている。社会が病んでいると一言では片づけられないにしても，いろいろな要因が重なって少なくとも一部ではコミュニケーション不全症

の様相を呈していることは明らかである。

　地球全体ではどうだろうか。20世紀には米ソを中心とした冷戦が半世紀以上続き、それが一挙に終焉を迎えると、いよいよ平和が訪れるのかと人々が思ったのはほんの一瞬だった。21世紀になると、それまで覆い隠されていたものが一挙に吹き出すようにさまざまな問題が浮上してきた。戦争や地域紛争はいっこうになくなる気配はないし、ニューヨークの貿易センタービルなどを襲った9.11の同時多発テロをはじめ、ロンドン、パリなどで起きたテロ事件も人々の記憶に焼き付いている。イスラエルとパレスチナの間の緊張は依然として続き、自爆テロが頻発し、和平交渉への道にはほど遠い。交渉の重要さはわかっているにせよ、相手に対する不信感があまりにも強いために対話への糸口さえなかなかつかめないのが現状だ。世界全体をみても、交渉よりも、核を開発し、軍事力で押さえ込もうとする動きも最近とみに強くなり、コミュニケーションの役割が低下している。

　実際、人類の歴史において今日ほど全世界の人々の相互依存度が高かった時代はない。政治、経済、貿易はいうに及ばず、環境、人口、エネルギー、食糧の諸問題、それに加えて、ビジネス、観光など、何をとっても世界のどこかで起きた出来事が瞬時に私たちの生活に影響を与えているのである。しかしながら、現実には問題を解決に導くよりはその反対に多くの摩擦が生じ、お互いが不必要に憎しみ合って緊張は増す一方である。

　このような時代に必要なのは、世界中の人々が協力し地球が直面している共通の課題の解決に向けて努力することである。そのためには、われわれは世界各地の人々と国、組織、個人の違いなどさまざまな文化的障壁を乗り越えて、実りあるコミュニケーションを行う必要がある。つまり、現代の私たちに突き付けられた

大きな課題の1つは，異質な相手と，満足のいく異文化コミュニケーションを取り結ぶための方策を講じることである。そこで，このような問題を考えるうえでのキーワードであるコミュニケーションと文化について考えたい。

コミュニケーション

　私たちが他者と何らかの関わりをもつとき，そこには必ずといってよいほどコミュニケーションが介在する。コミュニケーションとはいったい何だろう。それは自明のことだと思っていても，いざ説明するとなると意外に難しい。この用語に対して，いろいろな訳語がこれまで試みられてきた。「伝達」「報道」「連絡」「意思疎通」などなど。そのような表現以外にも「伝え合い」とか「話し合い」，あるいは「以心伝心」といった表現がそれにあたるという人もいる。しかし，いずれの表現も「コミュニケーション」という原語がもつ広がりと深さを表現しえておらず，現在のところ，「コミュニケーション」という外来語がそのまま日本社会に定着し，それが広範にかつ恣意的に用いられているといったところであろう。

　ここで，本書で使うコミュニケーションを定義しておきたい。コミュニケーションとは「自己と他者の間で行われるメッセージのやりとり」である。メッセージは情報と考えてもいいし，要するに「相手に伝達しようとする内容」である。そこには発信する側がもつ気持ち（情熱や怒り，温かみなど）も十分に入ってくると考えておきたい。それから，やりとりということは相手と自己が相互に関わることであり，この「相互性」というものこそコミュニケーションの特徴的な点である。自己というものを中心におくとき，いかなる他者との関係においてもその基本はコミュニケー

ションにある。他者との絶え間ない無数のコミュニケーションを通してわれわれは生きているのである。しかし，このことは日本では比較的最近まで特別に意識されることがなかったように思われる。このことをもう少し掘り下げるために，コミュニケーションと密接な関係にある文化について考えてみよう。

文　　化

　文化という言葉から，普段イメージされるものは何であろうか。美術，音楽，伝統芸術，あるいは風俗・習慣などを思い浮かべる人が多いと思われるが，本書では次のように捉えている。文化とは一定の地域の中で長年の間に築き上げられ，人々の頭の中に蓄積された「共通の思考の体系」のことである。ある状況において自分がどのように振る舞えばよいのかについて瞬時に判断するときに基準とするルールのようなものであり，自分の住んでいる地域ではあたり前となっている共通の「考え方の癖」，あるいは「行動の仕方」「ものの見方」といってもよい。

　また，別の言い方をすれば，文化は「集団による歴史的共有体験」といってもいいかもしれない。文化は一定の地域や集団の中で共有され，学習によって次の世代に受け継がれていくものである。それはまた，社会生活を円滑に営むための「常識」「暗黙の了解事項」と考えることもできる。人々はそのような了解に向かって考え方を収斂していかなければ共同生活を営みえないのである。したがって，文化は，人々が物事を判断し，行動するための基準となる「司令塔」の役割を果たしている。また，文化は空気のようなものである。あるいは風のようなものといってよいかもしれない。それはあまりに当然すぎるが故に，日常的に意識することはほとんどないが，その影響力は計りしれない。そしてその

存在に気づくのは，私たちが当然と思う行動を相手がとらなかったとき，つまり，暗黙のルールが破られたときである。そんなとき，私たちはそこに存在する文化に「気づき」，相手の行動の中に1つの「異文化」を垣間見ることができる。

　また，文化は成形加工したプラスチック製品のように，ひとたびできあがると固定的でほとんど変化しないようにみえる。しかしながら，長期的にみると，それはかなりの程度変容する。それはちょうど人の顔のようなものかもしれない。人の顔は毎日みているとほとんど変化しないようにみえる。しかし，長い年月を経てみると，同じ人でも見違えるほどに変わってしまうことがある。一見矛盾しているようであるが，文化は不変性と可変性をあわせもっているということができるだろう。つまり，世界中のどの地域や民族もそれぞれの地理的，風土的，歴史的な経験に基づいた文化を形成しており，それらを世代から世代へと引き継ぎ，保持している。それと同時に長い年月の間に文化は，異文化との接触，交流，軋轢などを通していつの間にか驚くような変貌を遂げるのである。

異文化コミュニケーション

　異文化コミュニケーションとは「文化的背景を異にする存在同士のコミュニケーション」である。これまで述べてきた「コミュニケーション」や「文化」あるいは「異文化」は日本でも外国に行っても目にみえる可視的なものではなく，あくまでも概念である。またそれと同様に「異文化コミュニケーション」もすべて私たちの頭の中で描いている概念であることにくれぐれも留意してほしい（図参照）。

　文化を縦軸としてみれば，コミュニケーションは横軸として考

図　異文化コミュニケーションのモデル

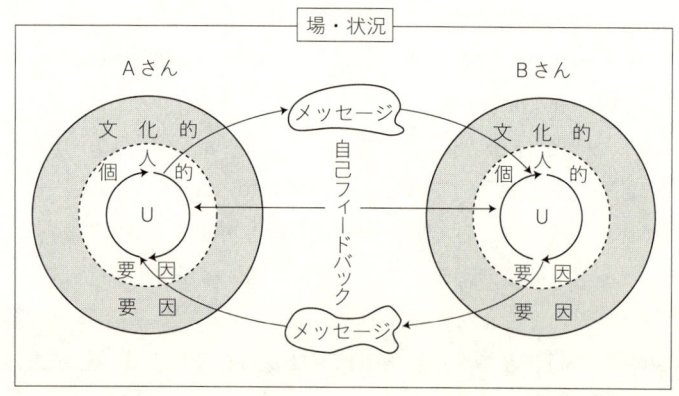

(注)　場・状況：コミュニケーションが行われる場・状況，社会文化的な環境，相手との関係性など。

メッセージ：相手に伝えたいことで，言語と非言語のメッセージから成り立つ。相手からのメッセージを受け，解釈し，自己のメッセージを送る。同時に送ったメッセージの「自己フィードバック」を行う。

個人的要因：身体，パーソナリティなど。

文化的要因：言語，エスニシティ，ジェンダー，風俗・習慣，地域，歴史，価値観，信条など。

U：Unconsiousness（自分で意識していない部分）。

えることができる。文化は人間行動の歴史的蓄積であり，それは人々の記憶として蓄積されている。一方，コミュニケーションは歴史を背負った人間が行う他者との「関わり」である。言い換えれば，現代に生きる私たちは文化とコミュニケーションの交差点で生きているということになる。異なった文化に住んでいる世界の各地域の人々がコミュニケーションを通して絶え間なく接触・交流をする「異文化コミュニケーション」の時代に入ったのである。縦軸である各文化ではそれぞれのルールで生活が営まれている。そこに，横軸としてのコミュニケーションが介在する。グロ

ーバル化とは世界的に広がるコミュニケーションを通して人々が新たに文化を作り上げ，共有する過程であり，このようにして異文化コミュニケーションも多彩なプリズムをみせはじめている。

異文化衝突・摩擦

　9.11同時多発テロは異なる思考をもった人々の間で起きた異文化衝突とみることができる。当時，アメリカ国民のほとんどはなぜ自国にこのようなことが起こったのかまったく理解できないようだった。その反対に，テロを企てた人々は，「アメリカのせいで自分たちが貧困になり，虐げられ，自分たちの民族的プライドもすべて打ち壊された。この世の中からアメリカさえなくなれば，素晴らしい世界に戻ることができるが，いかんせんこの強大な国家に対して対抗する手段として残された方法はテロしかない」と考えたのかもしれない。

　この事件のように異文化衝突によって失われた命は過去数限りない。人類の歴史は，異質の文明，文化，異国，異民族との戦いの歴史であるともいえよう。命の奪い合いがあたり前となる戦争ほど極端ではなくても，異文化衝突，誤解，対立は不可避である。人間が生きている限り，なくなることはない。科学技術こそ加速度的に進歩した現代社会であるが，異文化接触が日常的に起き，しかも必要ともなっているのに，そのなかに生きる人間は異質の文化的背景をもった存在とどのように向き合っていけばよいかさえ，わからない状態である。ハード面の急速な進展に，人と人，人と社会，人と自然との間の接触・交流方法などのソフト面がまったく追いつけないありさまだ。したがって，これからの社会は異文化接触による衝突や摩擦がさらに増大していくことが目にみえている。とすればまず第一歩として，私たちが，これまでどの

ようなときに誤解を招き、失敗してきたのかを具体的な場を通して振り返り、それらがなぜ起きるのかについて、改めて考える必要があるのではないだろうか。そのために、次章から、具体的なケース（事例）を通して考えてみたい。

第 I 部

国内で起きる摩擦

　　第I部は全部で3章からなり、日本国内で起きる誤解や失敗の数々を紹介している。第1章では、日本に長く滞在している外国人が経験する戸惑いやすれ違いを異文化摩擦として取り上げる。続く第2章では、外国に長く滞在していた日本人が帰国してから経験する摩擦を取り扱っているが、これらは、一般に逆カルチャーショックといわれている。さらに第3章では、同じ日本人同士で起きる摩擦、すれ違いについて紹介した。ここでは、地域、言語、ジェンダー（男性と女性）、世代、職業、障害の有無など背景の違いを広い意味での文化的相違とみなしている。このような日本人同士の接触・交流も、いわば「小さな異文化コミュニケーション」であると捉えることから、新たな視点を提供するのがこの章のねらいである。

日本への留学生との交流 (立教大学)

日本への留学生とのディスカッション (神田外語大学)

第1章

日本在住外国人

　日本国籍を取得していない人はみな外国人である。とはいっても、日本国籍を取得した人でも、外見が異なると「外国人」とみなしてしまうのではないだろうか。つまり、日本には民族的、人種的に異なった外観をもっている人は誰でも外国人であると勝手に思ってしまう傾向が強く残っている。また、島国のうえに、農耕民族として発達した日本文化においては、「ウチ」と「ソト」を厳しく区別する習慣があるため、「外国人」には住みにくい場所となっているといえよう。

　しかし、現在この「住みにくい」日本には多くの外国人が暮らしている。例えば、外資系企業の経営者や従業員、日本人を妻や夫とする外国人、中国からの帰国者、留学生、アジアや中近東からの労働者、南米からの日系労働者、さらにはベトナムやインドシナからの難民などがいる。そのほかに日本の農村、過疎地に結婚のために中国、フィリピン、スリランカ、タイなどのアジア諸国から渡ってくる花嫁もいれば、闇ルートで不法に連れて来られ、風俗産業に従事する子ども、女性などもいる。現在では、テレビに登場して日本語を話す外国人も増え、日本の都会風景の中にも、外国人は違和感なく溶け込んでいるようだが、声なき外国人の状況は認識されにくく、さまざまな問題が山積している。

外国人の社会生活

　日本に住む外国人はどのように日本の社会に適応しているのであろうか。もちろん、どのような資格で、いかなる条件で日本にやってきたかによって、その実態は千差万別であるが、一般的に直面する問題だけでも枚挙にいとまがない。まず、社会生活では、近所の人との付き合い方、買い物の仕方から乗り物の乗り方、ごみの分別方法まで、日本の地域生活では当然となっている規則や暗黙の了解事項がまったくわからないために、いろいろと戸惑うことが多いようだ。また、住居探しで苦労するというのはよく聞く話で、何十件も不動産屋を巡り、やっと借りることができるアパートをみつけたとしても、次には、保証人探しの難関が待ち構えている。ようやく契約にこぎつけても、賃貸のときの敷金・礼金や、はたまた退去時の現状回復義務など、合点がいかない日本的習慣に頭を悩ますことになる。体の調子が悪くなり病院に行っても、健康保険証がないと治療そのものも拒否されかねない。

　そのほか、外国人登録証の取得や銀行の口座開設、運転免許証の書き換えや取得、市役所での登録なども日本語ができなければほとんど不可能であり、日常生活に必要な情報収集さえままならない人がたくさんいる。外国人居住者が増えるにつれて、駅での表示や案内板等が英語のほかに中国語やハングルで記載されるなど、改善されてはきているようだが、まだまだ十分なレベルとはいえないのが現状だ。

外国人の権利

　日本社会には世界でも珍しい日本独自の戸籍制度があり、そのために日本国籍を取得していない人々にとっては、さまざまな問題が存在する。現在は大幅に改善されたといわれるが、外国籍の

人々は毎年外国人登録証の更新をしなければならず、その際に、長い間指紋の押捺を強制されてきた。これは、人道的な理由のために撤廃されたものの、依然として住民税を納めさせられるのに、住民票がもらえない、選挙権がないなど、彼ら外国人がさまざまな面で不利益を被っているという事実は存在する。

また、在日韓国・朝鮮人など、外国籍のままでありながら、日本名の通称で生活している人もかなりいる。アメリカ、カナダをはじめ多くの移民が生活している国では、「キム」や「ヤマダ」など、出自がわかる姓をそのまま名乗り続けるのが普通である。つまり、それができない、もしくははばかられるような状態というのは、それだけ社会が閉鎖的である証拠といえよう。最近でこそ、在日韓国・朝鮮人の中に本名を名乗って生きていこうという人が増えてはいるが、その後で人々の無知、誤解や偏見に悩まされるといった新たな問題も起こっている。

また、戦争やテロ、思想弾圧などのため、自国にいては殺されるといった恐怖から命からがら日本に不法入国し、その後、難民の申請をするといった人々がいる。しかし、2002年までの20年間でみると、日本が認定した難民の数は300人以下と、年間数千人から数万人規模で難民を受け入れている欧米諸国と比較しても、桁外れに少ないといえる。

そのほか、子どもの教育においては、日本の学校についていけないため、未就学となっているような児童が相当数存在しているにもかかわらず、国としての対策はとられていないに等しいレベルであるし、日本語が母語でない子どもに対する母語での教育など、子どもの権利条約によって保障されていることすら果たせていないのが現状だ。また、保育所なども、外国人支援のあるところは限られている。各種学校としてしか認められていない朝鮮学

校の卒業生が、大学の受験資格がなかったり、在学生もさまざまな全国レベルのスポーツ大会への参加資格がないなど、日本に住む外国人は、日本人と同じような権利を享受して生活しているわけではなく、さまざまな不便、困難に毎日のように直面しているといえよう。

> **ケース1** ユンさんの葛藤

ユンさんは、在日2世の父親と日本人の母親の間に生まれ、日本国籍をもっている。ユンさんが生まれたとき両親が話し合って、「差別されないように」と母親の籍に入れたからである。小学校の高学年になるまで、ユンさんは自分の父親が北朝鮮国籍であることを知らずにいたが、そのとき、母親から「お父さんが朝鮮人であることは言わなければわからないのだから、口が裂けても言ってはいけない」と言われ、自分の出自は隠すべきことなのだと強く感じたことが、ずっと後まで心の中でわだかまりとなって残ったという。

成長するにつれ、周囲に自分を欺いているような気がして、悩み続けたユンさんは、あるとき親しい友人に「自分は本当の日本人ではない」と打ち明けた。しかし、その友人に「こそこそ隠しているのは、あなたの中に朝鮮人を差別する気持ちがあるからじゃないの」と指摘されたのをきっかけに、在日の歴史についての本を読みあさり、勉強をするようになった。

歴史を知ることによって、父親がなぜビクビクしながら生きなければならなかったかが理解できるようになったことで、ユンさんは「ユン」という名前を取り戻そうと決心した。その後、「本名」を名乗るようになり、東京都のある小学校に勤務することに

なったユンさんは，本名を名乗れないでいる在日の子どもたちや外国籍の子どもを励まそうと，いろいろ心を砕いて活動してきた。

　ところがそんなある日，問題が起こった。在日の子どもたちに自分たちの文化にプライドをもってもらうきっかけになればと考え，チマ・チョゴリを着て卒業式に臨もうとしたユンさんの姿をみるなり，校長が「そんな格好で出席するつもりですか。ここは日本の学校ですよ。あなたは日本国籍ですね。地域の反応を考えてください」と厳しい口調で言ってきた。日本国籍であっても，民族は多様であってよいはずだし，服装にまでとやかく言われるような契約を結んでいるわけではないと憤ったユンさんは，校長の発言を「民族差別発言」であるとして糾弾会を設置し，対決姿勢で臨んだ。結局，1年4カ月の長い闘いは校長側がユンさんに謝罪文を書くことで落ちついたが，他の教員の中には，「たかが服装のことで校長先生を何でこんなにいじめるの」「日本の国籍で朝鮮名を名乗るなんてとんでもない」など，ユンさんにつらくあたる人も出てくるなど，ユンさんの闘いは当分続きそうな勢いである。
　　　　　　　　　　　　（参考：『統一日報』1995年4月29日）

設 問

ユンさんとまわりの日本人が理解し合えない一番の原因は何だろうか。

考 察

このケースのように，多数派の人たちが少数派の人の気持ちや立場が理解できないということはよくある話であろう。多数派である人たち，すなわち日本に，日本人として生まれ自分の出自に対し微塵の疑いもない人々は，そうでない人たちが遭遇する不安や劣等感，または優越感などさまざまに交錯する思いが理解できず，あたかも日本は日本人のためにだけ存在しているかのような態度をとる。例えば，「私は在日韓国人です」と言うと「差別，差別って言うけど，あなたをみても，日本人と同じで韓国人だとわからないし，私はまったくの日本人と思って接します」と言われたという経験についての投書がある新聞に載っていたが，このようなことを何の悪気もなく言ってしまう人が多いのも事実であろう。このようなコメントが相手の出自，アイデンティティを否定しているという事実に気づかない，相手を傷つけていることがわからない，これこそが問題の核心ではないだろうか。「日本人として取り扱われると相手は嬉しいはずだ」。このように考えること自体が，多数派の思い上がりというものだろう。また，ある雑誌に，「君が韓国人でも気にしない」と友達に言われて傷ついたという子どもの話が紹介されていたが，これも学生などに聞くと「自分も言ってしまいそうだ」という者が多い。「……でも気にしない」は自分が下にみている者に対してしか使わない，ということを指摘されても，まだ「このコメントのどこが悪いのかさっぱりわからない」とうそぶく者までいる始末である。

この例の場合も，校長やユンさんにつらくあたった日本人の教員たちは，「単一民族国家日本」において，「みんな同じ」ように「日本人として行動する」ことが最も大切なことであると考え，ユンさんのような少数派の人々が抱える問題や彼らのおかれている立場，そして苦しみなどに思いを馳せるという余裕がまったくなかったのではないだろうか。21世紀になって，今後ますますいろいろな出自の人々が入り交じり共生しなくてはならない社会になることが必至である。日本人も多様であたり前と多くの人が考えるような社会になるまで，まだまだこのような摩擦例は後を絶たないだろう。　　　　　　　　　　　　　　　　　　　　[H]

課題　調べてみよう

　映画『Go』や『パッチギ』など在日韓国・朝鮮人の人々と日本人の関わり合いをテーマにした映画をみて，多数派の日本人と少数派として日本に暮らす彼らの視点の違いを分析してみよう。

ケース2　ベトナム難民ホアさんの死

　ホアさんは，ベトナム難民として日本にやってきた，いわゆるボート・ピープルの1人である。彼にとって日本は，「努力さえすれば，大学にも行くことができる夢の国」であったという。そんな夢の国，日本でのホアさんの生活は，まず難民支援センターから始まった。センターでは，難民の人々が日本の生活になじむことができるよう，初級日本語から生活の仕方までさまざまな教育プログラムがあり，ここで，ホアさんは自分の夢をかなえるべく，日本語の猛勉強に励んだ。多くの漢字を覚えた優等生のホアさんは意気揚々と日本での新生活をスタートさせたのだった。

> ＜コラム　海外で事故に巻き込まれたら＞
>
> 　海外で大きな事故が起きたようなときテレビではいつも決まって，「日本人の被害者はいない模様です」などと報じられる。この件に関し，ある在日韓国人大学生は次のように語っていた。「もし，私が海外でテロや事故に巻き込まれたとき，私の安否は日本で報じられるのだろうか。私の安否が生活基盤のある日本には知らされず，ごく少数の知人のいる韓国だけで伝えられるんじゃないかと思うと，何ともいえない寂しさを感じます」。このような報道の問題点が気にかかっていた人はどれくらいいるだろうか。
>
> 　また，在日の人々をめぐる報道のもう1つの問題点は，賞をとったりした場合は通称で報じられるのに，いわゆる「犯罪」を起こしたような場合には本名で報道されることである。つまり，普段よいことをしたような場合は「日本人」として扱われ，何か問題を起こした人のみが「在日」となり，人々の意識に残ることとなる。少数派の起こした問題は実際よりもしっかり記憶に焼き付いたり，事実より大きな問題点として認識されるなど人間の「知覚の癖」も手伝って，ますます悪い記憶だけが独り歩きすることになる。実態を調べることもなく，単純に外国人は犯罪を起こす率が高いと信じている人は，その傾向をしっかりもっているということの証左といえよう。ぜひ，その「癖」を直すようにしたいものだ。

ところが，割り当てられた仕事は今までしたこともないような単純な流れ作業で，一瞬たりとも目を離すと怒られるという大変神経のすり減るものだった。それでも何とか頑張ろうと自分にむちを打ち，作業を続けたホアさんだったが，そのうち，だんだん元気がなくなってきた。慣れない仕事に加え，周囲の日本人が自分をばかにしたような態度をとるのも，とてもつらかった。そうこうしているうちに，体が疲れているのに神経が休まらず，夜に

なってもほとんど眠れなくなってしまった。仕方なく、睡眠薬を飲んで寝ると、今度は昼になってもぼーっとして仕事が手につかなかったり、寝過ごしてしまったりと、仕事がちゃんとできる状態ではなくなってしまった。そんな日が続いたある日、とうとう「仕事にはもう来なくていい」と言われてしまった。こんな状態では、ベトナムで待っているたくさんの弟や妹たち、そしてお父さん、お母さんに仕送りもできないと思い、帰国を考えていると、ベトナムから1通の手紙が届いた。手紙には、なんとホアさんのすぐ下の弟がホアさんの後を追って日本に行こうとしたけど失敗してしまったと書かれていたのだ。弟の脱出のため、家族は今までホアさんが精一杯切り詰めて送った仕送りのほとんどを使ったうえに、親戚に借金までしたという。この手紙を読んだホアさんは帰国の夢をあきらめざるをえないと悟ったのだった。

　その後、ホアさんの精神状態は一進一退で、睡眠薬が手放せないままで、生活保護を受けながら細々と暮らし、残ったお金はベトナムの家族への仕送りとなって消える日が続いた。そんなホアさんの唯一の救いは、同胞が集まる教会の礼拝に出ることだけだった。礼拝に出て、みんなと一緒に聖歌を歌ってお祈りをしているときだけが、唯一やすらぎのときであった。

　そんななか、ようやく少し回復の兆しのみえたある秋、ホアさんはみかんの収穫のアルバイトをみつけた。そこで働いていたのは、ホアさんのような外国人がほとんどであった。そんななかにあって、年上でしかも日本語が一番上手だったホアさんはみんなのリーダー格となり、事務所で働いている日本人職員と外国人労働者の仲介役として重宝がられた。自然の中で生き生きと働くホアさんは、日本に来て初めて自分の居場所がみつかったような気がしていた。

しかし，そんな穏やかな日は長く続かなかった。みかんの収穫が終わるとともに，ホアさんたちの仕事もなくなり，仕方なくホアさんは東京の狭いアパートに戻ってきた。ところが，今まで解放され，とても楽だった気持ちが嘘のように消え，またつらい不眠症に悩まされることになってしまった。毎日生きていてもただつらく感じられ，何のためにこんなつらい目にあっているのかという思いに駆られては，自分の仕送りのお陰で幸せそうに暮らしている家族の写真をみて，自分を奮い立たせる毎日だった。そんなある日，家族からは，ホアさんの仕送りを待つ手紙が届いた。仕送りできるようなお金のあてもないホアさんだったが，とにかく「もうすぐ，お金を送ります」と返事を書いてしまった。そんな手紙を出した翌日，ホアさんは電車にひかれて亡くなってしまった。　　　　　（参考：「日本で生きたかった――ベトナム難民12年の軌跡」『クローズアップ現代』1994年10月4日）

設問

　ホアさんの悲劇はなぜ起きてしまったのだろうか。

考察

　生活ペースがゆっくりとしたベトナムからやってきたホアさんにとっては，日本の生活のすべてがカルチャーショックの連続だったといえよう。1分，2分の遅れを気にするような気の休まらない生活や，1つのミスも許されない流れ作業の仕事，いつでも忙しそうで他人行儀で冷たい同僚など，日本人にとってあたり前のこと1つひとつが異文化からやってきたホアさんにとっては，負担だったと考えられよう。また，せっかく一所懸命勉強した日本語が思ったほど役に立たず，仕事に生かせなかったことも，ホ

アさんのプライドを傷つけショックを大きくした一因となっていたということもありえよう。日本人からすれば，日本人並みに日本語が話せるわけでもないし，立派な学歴があるわけでもない難民のホアさんなら，どんな仕事でも満足して働けばよい，と簡単に考えがちであろうが，人間は誰でも自文化で培った自己像を基準に考えるものであり，話はそんなに簡単ではない。

　異文化に暮らすようになった人の多くが「自己像回復行動」をとろうとするのも1つの例であろう。「自己像回復行動」とは，例えば，日本で校長や社長など立派な地位についていたり，はたまた一流大学の学生だったりするような場合，外国での生活でやたらと日本での地位や学歴をひけらかすような行動をとることなどを意味する。異文化にあって，話す言葉に強いアクセントがあるような場合，周囲が自己像を支持するような行動をとってくれることはまず期待できない。そうなると，自己申告してでもその支持をとりつけようとする。このような行動をとることで，崩れそうになる自己像を維持しようとするのである。つまり，新たな地にあって，今までの自分をすべて無にして，社会の最下層から始めるなどという切り替えは，実際はそんなに簡単にできることではないのだ。

　また，心を開いて話せるような友人の1人もみつけることができなかったことも，ホアさんのカルチャーショックを重くしてしまった要因の1つといえよう。ベトナム人でも，日本人でもかまわない。少しでも彼の話を聞いてくれて，日本人の考え方や行動についての説明をしてくれるような「友人」がいれば，おそらく話は違っていただろう。カルチャーショックを和らげる要因として，このような「友人」なり「文化の橋渡し」役の人が大きな役割を果たすということは，数々の研究結果からも明らかになって

いる。

　最後に，ホアさんがベトナムにいる家族のみんなを養わねばならなかったことも，問題を複雑にしていたと考えられる。核家族が中心で，それもかなり個人主義的な考え方をする多くの日本人にとって，ホアさんが担っていた責任の重さを理解するのは難しいだろう。しかし，ベトナムをはじめアジアの多くの国では，家族間で助け合うという価値観が大きく幅を利かせている。日本的に考えれば，「体の調子が悪くて働けないから，みんな自分で頑張って働いてね」と言って突き放してしまえばそれで済むのではと簡単に思いがちだが，責任感の強いホアさんにはそんなことはとても言えなかったのだろう。

　2000年以降もアフガニスタンをはじめ，パキスタン，トルコ，イラン，ミャンマーなどさまざまな国から日本に来て，難民申請をする人が後を絶たない。「難民鎖国」といわれるほど，認定をとるのが困難な日本では，努力をして書類を提出しても，難民としての認定さえ受けられず，絶望の果てに命を絶つ人も出てきているという。ホアさんの悲劇は今日も続いているといわざるをえない。
　　　　　　　　　　　　　　　　　　　　　　　　　　　[H]

課題 リサーチ＆プレゼンテーション

　日本の難民政策の現状について調査し，その結果をもとにプレゼンテーションをしよう。過去10年間の申請者数や認定数，申請者の出身国などからどんな傾向がみられるだろうか。また，どのような問題から難民となって日本に来ているのか，それぞれの国について現状を分析してみよう。

＜コラム　偏見やステレオタイプはなぜ起こる？＞

　偏見やステレオタイプはなぜ生まれ，またなかなかくならないのであろうか。この問題に関しては，社会心理学や異文化コミュニケーションの研究者がさまざまな取り組みを行い，研究してきた。以下においては，それらの試みを簡単に紹介してみたい。

　まず，最初に研究者たちが注目したのは，個人のパーソナリティであった。つまり，偏見やステレオタイプが強いのはある特異なパーソナリティをもった人たちであると考えた。そこで出てきたのが，「自分の所属する集団や権威に対して盲目的に同調・服従する一方，他集団や弱者に対して敵意をもち服従を求める」といった特性をもつとされる，「権威主義的パーソナリティ」であり，この特性にあてはまる人たちと，ユダヤ人や黒人に対する偏見の度合いの関連性についての調査が盛んに行われた。これら一連の研究結果から，権威主義的パーソナリティの強い人，さらには人から愛されたことがなかったり，自分に自信がないような弱い人々こそ，偏見が強いなどといったことが盛んに議論された。

　次に，第二次世界大戦時のドイツにおけるユダヤ人や，アメリカの日系人など，短期間にある人種に対する偏見が急に強くなるなど，これらの個人のパーソナリティ研究だけでは，説明のつかない事象も数多く出現したため，社会的な影響も強く関係することが指摘され，研究が始まった。例えば，偏見は現実に対する不満や葛藤から生じるという説がその例であるが，実際，経済状況が悪い昨今，アメリカやフランスなどで，移民や他民族に対するリンチや暴動など，この説の正しさの証明となるような事件が各地で起きている。また，社会との関連では，自分の属する集団の価値や評価は自分に反映されるので，内集団を肯定的に知覚するといういわゆる「内集団びいき」についても偏見やステレオタイプが起こる理由として研究が進められている。

　また，近年では，社会心理学の研究者らによって，個人の認知傾向に注目した研究が進められるようになった。つまり，人間は

いろいろなものを知覚し，理解するためにカテゴリーに分けるという「カテゴリー化」を行うが，その「カテゴリー化」に伴う現象そのものがいろいろな偏見やステレオタイプを生み出す原因となっているという考え方に基づいている。例えば，別のカテゴリーに含まれた人は，実際よりも異なってみえる，ということが指摘されている。相手が同じ学校の生徒だと思って話している最中に，別の学校の生徒だとわかったり，または，日本人だと思って日本語で話しかけたら，相手が日本語を解さず外国人だとわかった瞬間など，急に相手が今までより遠くに感じたり，相手との間に壁ができたように感じたりすることなどがこの例といえよう。

また，同じカテゴリーに含まれた人は，実際よりも類似してみえるという外集団均質性効果も，ステレオタイプの保持に貢献しているといわれている。例えば，よく「最近の女子高生は……」といった言葉が聞かれるが，このようにあるグループをひとくくりにしてしまった瞬間，女子高生がすべて同じような格好をした，同じような人たちのように感じてしまうということをいう。これら一連の研究からいえることは，人間というものはものの見方が一面的で，異なった相手に対しては偏見やステレオタイプをもちやすく，また，異なる背景をもった人々がコミュニケーションをする際には，必ずといっていいほどこのような否定的な感情が起こり，大きな障壁となって立ちはだかる危険性が伴うということだろう。それだけに，それらをいかに克服しつつ，関係を保持するかが大きな課題となろう。　　　　　　　　　　　　　　　[H]

ケース3　もうこりごりホストファミリー

斉藤さん一家はお父さん，お母さん，そして大学生の陽子さんの3人家族である。陽子さんの通っている大学で，毎年いろいろな国からやってくる留学生のためのホストファミリーを募集して

いるという話を聞いたお母さんの道子さんが，ぜひホストファミリーをやってみたいと言い出したことから斉藤家の苦難は始まった。やってきたのは，東欧のある国から来た，イベッタさんという女性の大学院生だった。イベッタさんは礼儀正しく，まじめでおとなしそうな学生さんで，そのうえ日本文学を専攻しているとあって，日本語も大変上手で，道子さんはじめ，ホストになることに反対していたお父さんや陽子さんまでも，これから始まる楽しい文化交流の期待に胸を膨らませた。

ところが，そんな期待をよそに，1週間もたたないうちから，イベッタさんの行動をめぐりいろいろな問題が噴出することとなってしまった。まず，最初に問題が勃発したのは，イベッタさんの歓迎パーティの席だった。日本の文化に慣れてもらおうと，お母さんは張り切って，色とりどりの巻き寿司や煮物，茶そばなど，日本食をたくさん用意して食卓に並べた。ところが，パーティが始まってもイベッタさんはほとんど料理に手をつけていない。調子でも悪いのかと聞いてみると，「すみません，料理がちょっと口に合いませんので」とはっきり言われてしまった。怒り心頭のお母さんに同調するように陽子さんは「作ってくれた人のことを考えたら，我慢して食べるものなのよ！」とイベッタさんに怒りをぶつけてしまった。

その後もせめて部屋の掃除くらいはしてあげようと気をつかったお母さんが部屋を掃除すると，イベッタさんからは「自分の部屋の掃除は自分でしますので」と断られ，また遅くなって帰ってくるイベッタさんに「遅くなるときは心配だから，何時に帰るか電話してね」というと，「私は大人です」と言い返され，お母さんは困り果ててしまった。そんなある日，陽子さんとイベッタさんがイベッタさんのシャワーをめぐり，大喧嘩をしてしまった。

陽子さんの主張はイベッタさんが毎朝シャワーを浴びるためにお風呂場を独占するので、自分がジョギングに行った後などたまに使おうとしても使えなくてずっと困っていたというのだ。それを聞いたイベッタさんは、「お母さんが、いいですって言いました。それに、陽子さん、嫌だったら、どうして私にもっと早く言ってくれなかったのですか？」と反省のそぶりもない。その様子に余計に腹が立った陽子さんは「いつも困った嫌そうな顔をしたでしょ。顔みたらわかるじゃない、そんなこと！ あなたみたいにわがままな人はみたことがないわ！」と怒りをぶちまけてしまった。その後、陽子さんはイベッタさんとは極力言葉を交わさないように、避けるようになってしまった。そんな気まずい日が続いたある日のこと、イベッタさんから突然、「アパートに移ります」と独立宣言されてしまった斉藤さん一家は、ほっとしたような、また、何やら腹立たしいような複雑な思いであった。

設問

イベッタさんと斉藤さんの家族とのすれ違いを防ぐには、どうすればよかっただろうか。

考 察

このようなホストファミリーをめぐる問題は、実によくある話である。この話の場合、問題点はいくつかあるが、まず、「ホストマザー」の役割から考えてみたい。日本的に解釈すれば、「マザー」であるからには、日本の母として、自分の子どもにするのと同じように接することを意味するだろう。しかし、個人主義的なしつけを受け、育った場合、日本の母は世話を焼きすぎる「過干渉」という解釈になる。すなわち、こちらがいろいろ世話を焼けば焼くほど、留学生の立場からすれば「余計なお世話」となり、まるでいつも監視されているかのような居心地の悪さを感じることになる。ところが、母の立場からすれば、相手がその努力に報いてくれないばかりか「迷惑だ」と言われてしまったりすると、「こんなに親身になって一所懸命世話を焼いているのに、なんて恩知らずな！」と相手の非礼を責めたくなってしまう。ここは、「違うところから来ると、向こうが期待する母親の役割は異なるものだ」と考え、最初に自分の考える「母親」の役割を明らかにし、また相手が自分に何を期待しているのかも聞くなど、お互いの考えにギャップがないかどうかを確認しておくことなどが求められよう。

また、この問題を複雑にしたのが、「相手の考えていることを態度から読み取る」など、きわめて日本的ともいえる行動を留学生にも期待してしまったことであろう。「顔をみてたらわかるでしょ」と陽子さんが言っていたが、異文化から来た人にこのようなことは期待できないのが普通である。逆に「言いたいことは言葉にしないと伝わらない」と信じているような留学生にこんなことを言うと、「不当」な要求をされたと思われるのが関の山だろう。

次に、「口に合わないものでも、出されたら黙って食べる」という礼儀についても、もちろんいろいろな考え方がある。イベッタさんは、そんなことをする方が、相手を「だます」ようでいけないことだと捉えていたかもしれない。とにかく、異文化から来た人の行動を自分たちのものさしで測るような行動はつつしむよう努力し、まずは、相手が何を考え、求めているかを先に確認するという姿勢で臨みたいものだ。

　最後に、何が「わがままな行為」かということに関する解釈の問題がある。日本では小さいときからまわりに同調することがよしとされる。そして、まわりに合わせない、もしくはまわりの期待に沿わないような行為はほとんどの場合「わがままな行為」と判断され、否定的な色合いをもつ。自分の思ったことを貫こうとしたイベッタさんの行為も、日本で育った陽子さんには、「ただのわがまま」にしか映らなかったようだ。しかし、イベッタさんの視点では、自分の意思を普通に言ったくらいで「わがまま」と言われ、非難されるのはきわめて不当であろう。日本で育つと多くの場合、何を食べたいか、どこに行きたいかなどの簡単な事柄でさえ、まわりに合わせようという意思が働くようだ。したがって、「まわりに合わせる」文化ではないところから来た友人に関しての感想でよく聞くのが、「相手がどうも『わがまま』なのが困る」ということであるのも、偶然ではないだろう。今度「わがまま」だと思える外国人に出会ったら、ぜひどこが「わがまま」なのか、どうしてそのように思うのか、ということについて思いを馳せてみてほしい。

[H]

課題　ディスカッション——留学生寮に高いフェンス？

　ある地方の大学が外国人留学生や研究者が住む寮の建設計画を

発表したところ，周囲の住民からの大反対に遭遇した。住民側の言い分は，「留学生は何をするかわからないので怖い」「周囲の畑からカボチャやキュウリを盗まれたり，家に無断で侵入されると困る」などであり，最後には「寮の周囲に高さ2メートルのフェンスを張り巡らせ」「夜間は建物に照明をあてて人の出入りが周囲にわかるようにし」「民家からもっと離して建設してくれ」など，さまざまな要求を大学側に突き付けてきた。さて，住民と大学の間に入ってこの問題を解決し，寮の建設にこぎつけるには，具体的にどのような方策が考えられるだろうか。また，寮が建設された後，留学生と住民がうまく共生できるようにするための方法も考えてみよう。これらの事柄について，グループで話し合おう。

（参考：100のトラブル解決マニュアル調査研究グループ，1996）

ケース4　金髪ALT（外国語指導助手）クリスティーナさんの悩み

27歳のイギリス人女性クリスティーナ・スミスさんは，文部科学省の英語助手プログラムで来日し，兵庫県の北部にある人口約4000人の町に赴任してきた。彼女の仕事は，近隣の中学校で日本人の先生とともに授業に参加して，生徒の英語学習の手伝いをすることであった。ところが，金髪の女性がその町に来るのは前代未聞ということで，彼女はたちまちのうちに町の有名人となってしまった。そんな「有名人」の彼女を一番悩ませたのは，自分がプライバシーだと思っていることを，みんながなぜか知っていたことだった。例えば，生徒が自分のもらっている給料の額を知っていた。おかしいと思っていろいろ聞いてみると，何と地元

＜コラム　みんな一緒の意見？＞

　ある，韓国の留学生がこんなことを言っていた。「(日本人同士の会話では) 同意を求める場面がよくあります。自分の国とはちょっと違うなあーと思ったりします。例えば，ある人が，自分の話を終えた後，相手に『ねー』とか『そうだよねー』とか，しきりに言っています。おばさん同士の会話だと，『ねー，ねー，ねー』だけで１つの会話になっちゃうような気がします。『ねー』って言われると，『だって』とか言い返しづらくなって，『そうだね』って答えてしまうことがあります。同意を求めてグループを作るのもいいけれど，もうちょっと違う意見をもって自分の意見に自信をもって会話をするのもいいと思います」。

　確かに日本では意見が同じことを確認し合うのが会話の条件かと思われるほど，同意を多用しているように思われる。この背景には他者と異なる意見を言って嫌われたり，変だと思われるのが嫌だ，とか相手と反対のことを言って相手を傷つけたくないという心理が働いているようだ。これは，「……じゃないですかー」や「自分的には……っていう感じ」など，断定を避けるための言いまわしが，特に若者の間でよく使われるようになっていることとも関連しているようだ。つまり，どちらにしても「はっきり」意見を言ったり，自分の立場を表明したりして，相手の意見との差異が明確になるような状況となってしまうのは極力避けたいということだろう。しかし，このような曖昧表現は，日本語を母語としない留学生をはじめ，日本に滞在している外国人にはきわめてわかりにくく，彼らの頭を悩ませ，「日本人はわかりにくい。何を考えているのかわからない」と言わせる原因になっているのも事実である。また，誰も反対しない，「みんな同じ意見」というのもきわめて不自然で不誠実に映るようである。

　ぜひ，一度，自分がどのくらい相手の意見に反対するようなことを言っているか，また言わないように気をつけているか，観察してみてはいかがだろうか。少しでも客観的にみることができれ

> ば，実はけっこう「不誠実」な言動をしているという外国人目線も理解ができるかもしれない。

の新聞の紹介記事の中に述べられていたのだ。また，あるとき，気分転換に大阪に行ったことがあったが，翌日には彼女が駅に着いた時間からバスに乗った時間，そしてどこを歩いて自宅に戻ったかなど，一挙手一投足が町のみんなに知れわたっていた。

　そんな彼女に追い討ちをかける出来事が起こった。なんと，あるとき駅の近くの喫茶店に入ったところ，横のテーブルに座っていた子ども連れの女性から，「子どもがあなたの金髪にさわってみたいと言っているので，さわっていいでしょうか」と尋ねられた。驚いたが仕方なく，「どうぞ」と言ったところ，本当にさわりにきた。ところが，その母親は，さらに，「家の者に見せたいので，髪の毛を1本いただけますか」と言うではないか。あきれ果てたクリスティーナさんは，とにかく親子に早くその場から立ち去ってもらおうと，自分の毛を1本抜いて，親子に渡したのだった。

　彼女のいらいらをさらに募らせたのが，学校でチーム・ティーチングを行うことになった日本人の男性英語教員である田中さんである。田中さんと共同して授業計画を作成するものと思っていたのに，田中さんにはいっこうにそんな様子もない。おかしいと思って尋ねてみたところ，「Never mind. Do as I tell you.」（心配無用。私が言った通りのことをしてください）と言うだけだった。実際に授業が始まってみると，教室で彼女に与えられた席は窓側の一番前であった。そのうえ，彼女の役割は，テキストを読むときに使われる「CDプレーヤー」の代わりだけだったのだ！　このような状況がその後も続き，田中さんの授業の進め方にも賛成

できないところがあったので、彼女は再び自分の教育方針を述べ、一緒に授業計画を練りなおすよう提案した。すると田中さんは、「Well, maybe. Sometime later.」（まあ。そのうちに）と言ったきり、なかなかその機会をもとうとしなかった。

ある日の授業中に手もちぶさたであった彼女は、とうとうペーパーバックを取り出して読み始めてしまった。それを発見した田中さんは「Why are you reading it, not the textbook？」（どうして教科書でない本を読んでいるの？）と怒った調子で言い、「そんなに私のやり方が気にくわないなら、前に立って今すぐに授業をしなさい」といった趣旨のことを生徒の前で告げた。教える準備をしていなかった彼女は大変戸惑ったが、何とかその場をとりつくろい、授業を行った。その後も2人の仲はぎくしゃくしたままで、没交渉の状態が続き、仕事にも絶望した彼女は、任期の途中で帰国の途についた。

設問

なぜ、クリスティーナさんは任期途中で帰ってしまったのだろうか。また、こんなことにならないようにするには、どのような心配りが必要だろうか。

考察

まず、大きな要因といえば、彼女がいわゆる「カルチャーショック」に苦しんでいたということが考えられよう。彼女の場合は、イギリスから日本という大きな文化移動をしたうえに、さらに赴任先が小さな田舎町だったという二重のショックになったということが問題を大きくしていたように思われる。東京など外国人の多いところであれば、気晴らしに出かけることも可能だし、また

一歩学校を出てしまえば解放感も味わえる。ところが，田舎町では彼女のように外見が異なる場合は特に，人からの好奇の視線にさらされることになる。関西のある大学に教員として職を得て来日したアフリカ系のアメリカ人女性教員も，「人が自分をじろじろみる」というつらさのあまり，1年で帰国を決めたという話を聞いたことがある。自分がみられる方ではない場合，気にもとめないようなささいなことでも本人にとっては大問題ということがよくあるが，これもその一例であろう。つまり，このような体験をしたことがない場合はぴんとこないし，小さな問題としか映らないかもしれないが，特に異文化の地に1人でいるようなつらいときに，どこにいても人の執拗な視線を感じるというのはあまり気持ちのよいものではないだろう。また，まるで自分のプライバシーがないように感じるというのも，普通の人にとっては，精神的にはとてもつらいものである。とにかく，クリスティーナさんはまるで鳥かごの中に閉じ込められたような閉塞感を感じ続けていたことだろう。

　また，彼女の閉塞感に追い討ちをかけたのが，日本人教員の田中さんの態度であった。田中さんにしてみれば，受験のこともあるし，教えなくてはいけない内容はすべて決まっているのだから，彼女のようなALTの入り込む余地はない。つまり，ALTはお上から振り分けられたお荷物のような存在であり，せいぜい発音指導だけしてくれればそれで十分，というふうに考えていたのではないだろうか。しかし，クリスティーナさんは，そのような田中さんの思惑がわかっていたとは思えない。チーム・ティーチングで行うと聞いていたのであれば，当然授業は彼女と田中さんが一緒に計画し，協力して行うものだというイメージがあったことだろう。ということで，当初から2人の思惑は大きくずれていた。

実際，ALTの制度が始まり，多くの外国人教員が日本に来るようになって以来，日本の各地で似たような問題が起こっているという。ALTと日本人英語教員とのコミュニケーション・ギャップについての研究も進められているが，なかなかよい解決法といえるようなものまでたどり着かないのが現状だ。日本人教員もALTもこのような最悪の結果にならないように，まず最初にお互いに対する期待や役割などをきっちりと話し合い，確認することから始めるという努力が求められよう。

課題 グループ・ディスカッション

ある男子留学生の話である。キャンパスで同じ国の人たちに偶然会って親しくなった。それで，週に2, 3回自分のアパートに集まって一緒に料理を作ったり，好きなCDを聞いたりするようになった。迷惑にはならないように，あまり大きな声は出さないように気をつけていたのだが，大家さんから苦情を言われて困っているという。大家さんは，友達を泊めるのは契約違反だし，料理のにおいがきついのも困るので，それもやめてほしいと言っているらしい。「ちゃんと，家賃を払っているのに，友達を泊めてはなぜいけないのか。好きな料理も食べてはいけないのか。自分はどうすればよいのか」と怒り心頭の彼と，大家さんの間に入って，この問題をうまく解決するにはどうすればよいだろうか。グループで話し合ってみよう。

（参考：100のトラブル解決マニュアル調査研究グループ，1996）

留 意 点

「ガイジン」vs.「外国人」

　日本に長く住む外国人からよく聞かれるのが「どんなに長く日本に住んで，日本語がうまくなっても，自分はいつまでも『ガイジン』だ」という嘆きではないだろうか。つまり，外見が異なるだけで，いつまでも「外人」という目でみられ，日本人と区別されるということだ。どの国でも大なり小なり自国民と外国人の区別はあるものだが，日本では外見のみでその区別をつけようとする傾向が強いようだ。また，「みんなと同じように」や「人並みに」など，とにかくまわりの人と同じようにしておけば問題がないという考え方が主流となっている日本においては，外見が異なることが，いろいろな面で人々の心のバリアを生む要因となっている。長く日本に住み，日本語をマスターしたと思っているのに，「外人」と言われ，いつまでも特別扱いをされればそれはやはりつらいことだろう。「外人」は日本人が自分たちとは異なる人々を排除するといった排他的な意識を表した差別用語である，と考える外国人も多いようだ。

　この「外人」問題であるが，多くの人が「外人」と聞いて思い出すのはいわゆる「青い目の白人」ではないだろうか。また，アフリカ系の人々を思い出す人もいるかもしれないが，日本人と同じような顔つきをしたアジアの国々から来た人々をイメージする人は少ないだろう。これこそ，日本人の西欧崇拝が生んだ問題といえる。つまり，アジアの国から来ると「外人」という特別待遇は期待できないことになる。一般的には顔をみて，「外人」でないとなると，日本人と同じように日本語を話し，日本文化の文脈

に沿って行動することを期待される。ところが、それができないとなると「なんだ、そんなこともできないのか」とか、「どうしてそんなことがわからないのか」とその人を責めるような態度をとる。つまり「外人」らしい顔形をしていれば免除される「日本的行動」が免除されず、それに従えないと「ばか呼ばわり」されるという不当な扱いを受ける。また、キャンパスなどでは「外人」らしい風貌の留学生はちやほやされるのに対し、アジア系の留学生は外見が似ていることも手伝ってか、「ほっておかれる」ことも多い。21世紀に入り、東アジアの国々との結び付きはますます強くなってきた。そろそろ、「外人」には羨望の目を向け、「外人以外」には知らん顔という情けない態度を改めたいものだ。

エスニック・ネットワーク

　日本に移り住んだのだが、日本社会の閉鎖性もあり、思ったほど居心地がよくない状態が続いている人々がかなり多い。自衛策として特定の国や地域からやってきた人々が同じ地域に集団で住みつく「外国人集住」現象が各地で起きている。例えば、日系ブラジル人は職場の関係もあり、愛知県や群馬県などに集中して住み、子どもたちのための学校、食料品店、放送局を運営したり、あるいは新聞を発行したりしている。移民に対する数々の研究によれば、これらのネットワークの存在はカルチャーショックを和らげ、移住先での適応の一助となることがわかっている。

　ただ、問題は集住が進みすぎると日本人との関わりが一切ないままで済んでしまい、お互いに没交渉で偏見をもち合うということになってしまうことであろう。しかし、最近では池袋や新宿などのように外国人が集中している地域で、何十というボランティア団体が生まれ、日本人と外国人がともに協力し合って「共生」

のためのさまざまな改善策が練られるようになってきた。1995年に起きた阪神・淡路大震災でも，阪神間に住む外国人は一時孤立無援状態であったが，日本人ボランティアの救援活動と相まって，外国人も動き出し，各国語によるFM放送や電子メール，チラシなどで相互に連絡し合い，助け合った（松田，1998）。このようにして，日本の市民と外国人が普段着の付き合いを通して理解し合うなかで，お互いに居心地のよい生活ができるようになってほしいものである。

第2章

帰国日本人

　日本に生まれて日本で育ち，日本で仕事をする。そして日本で死ぬ。これがこれまでの一般的な日本人の生活であった。しかしながら，最近では何らかの理由で海外に住むことになり，そのまま現地にとどまり，日本に帰って来ない人々さえいる。グローバル化したビジネス社会で活躍する人々はもちろん，自分の生活を海外でなどと考えたこともなかったような人々までも，気がつけば日本からはるか離れた地域で現地の人々と現地語を使って仕事をせざるをえないといった状況になっても不思議ではない時代となった。海外赴任と一口にいっても，数年で帰国といった場合から，10年，20年と長期間にわたっての海外生活など，滞在期間は個人の事情によってさまざまである。しかし，一定期間海外に暮らした後で日本に帰国した場合，共通しているのは，母国日本において大なり小なりさまざまな問題に遭遇し，困惑するということである。

　帰国の場合，もともと自分の住んでいた国に戻るのだから，海外に出かけるときほど心配する必要はないように思うだろう。しかし，ある程度の期間海外で生活した場合，そこでの考え方なり，行動のパターンなりを学習しているのが普通である。つまり，海外で長く暮らすうちに異なった価値観やコミュニケーションのス

タイルなどを身に付け，知らず知らずのうちに，「これが正しい」「これが普通だ」と捉える軸のようなものが変化してしまっているということがある。そんなふうにいわば外国の文化を取り入れた状態で帰国すると，まるで外国人が日本文化に対して受けるのと同じような衝撃を受けたりする。このように帰国した本人はある意味，自分がまるで「浦島太郎」になってしまったかのような「居心地の悪さ」を感じているのに，周囲の人々は当然，昔のままの個人を期待する。また，外国人なら文句を言っても許してもらえるところが，「日本人のくせに何で日本人に文句なんか言うんだ」と冷たくあしらわれ，また，「外国かぶれ」と陰口を叩かれたり，「2年前の陽子に戻ってくれ」など周囲からの声も重くのしかかり，ますます追い詰められた気分になってしまうということがある。このような，帰国した人々が体験する心の葛藤は，一般に「逆カルチャーショック」や「帰国カルチャーショック」として研究されている。

帰国児童・生徒の適応

1970年代，80年代の一現象として日本社会で注目された問題に「帰国子女」の再適応があった。親の海外赴任に伴って海外で育った子どもたちは，現地では日本人学校，日本語補習校，あるいは現地校，インターナショナル・スクールと現地の事情や親の考えに従ってそれぞれの教育を受けて帰国した。ところが，日本の学校に戻ってみると，明らかに当該学年に相当する日本語力が不足していて，英語以外の科目ではまったくついていけない子どもが続出した。また，得意なはずの英語に関しても悩みがあった。それは，英語を母語とする人々と同じように発音したために，周囲の生徒たちにねたまれ，いじめの対象になってしまうというこ

とだった。そんなことが続くと、今度は帰国生の間で「帰国して英語の発音がよすぎるといじめられる」という噂が広まり、一部の帰国生はわざと他の日本人生徒のように下手に発音して目立たないように努力するという、いわゆる「隠れ帰国子女」といわれる生徒が生まれるようになった。

このような事情もあってか、海外に行った場合でも、こぞって子どもを日本人学校に行かせたり、それがかなわない場合でも、週末に通う日本語補習校での勉強に熱を入れさせ、日本の学校教育から外れすぎないように、そして日本人らしさを失わないようにという配慮をする親が増えるようになったという。また、帰国に際しては、帰国生たちも一刻も早く日本の学校生活に適応しようと試み、学校側も海外で身に付けた考え方やしぐさなどを完全に取り除くような指導をした。これが、「外国はがし」である。近年はそのような画一的な日本の教育のあり方に反省が生まれ、子どもたちが海外で身に付けた特性を伸ばし、さらには彼らも日本人生徒からいろいろ学ぶという「相互学習」の気運がいくぶん高まってきたが、受け入れ体制の不備や帰国生の心理を理解できない教員など、いまだ問題は山積している。

ケース1 │ 純君のアイデンティティ・クライシス

純君は両親の仕事の都合で、3歳のときにオーストラリアに渡った。9歳までそこで過ごした後、いったん日本に戻ったものの、また12歳で今度はカナダのトロントに住むことになった。英語力に問題もなく、友達も多く、また勉強もよくできた純君のカナダでの生活はきわめて快適なものだった。そんな純君だったが、カナダでの時間が過ぎるにつれ、自分の「日本人」としてのアイ

デンティティに悩むようになった。「僕は十分な日本人なのだろうか」「他の人は僕のことを日本人だと思うのだろうか。それとも，何か半分ずつ入ったような不完全な人だと思うのだろうか」。純君は自問自答を繰り返した。

そんな悩みを吹き飛ばすかのように，純君は日本語学習に取り組んだ。娯楽のために読む本は日本語と決め，極力日本語でものを考えるようにと励んだ。つまり，純君にとって「日本人であるため」に最も大切なことは日本語能力の維持だったのだ。こんなに努力をして，日本語力の維持に努めた純君にとって最大の屈辱は，日本人の友達の親などから「カナダに7年もいるのに，日本語が上手ね」などと言われることだった。「僕は日本人なのに，どうしてそんなこと言われないといけないんだ。まるで，みんな僕の日本語が下手に違いないって決めてかかっているようで本当に頭にくる」と周囲の無理解に憤りを隠せない純君だった。

そんな純君の高校生活も終わりを迎えた。カナダの大学への進学もできたが，「自分が日本人であるということを確信したい」と強く思った純君は迷わず日本の大学への進学の道を選んだ。しかし，日本に戻った純君を待っていたのは思いもよらない彼自身の「反応」であった。満喫するはずだった「日本」なのに，純君のすべては日本を拒絶した。「湿度が高くて耐えられない」「何でも狭くて小さい」「みんなが黒髪で変だ」など，日本と日本人のすべてが嫌に思えた。1週間も経たないうちに彼は，「自分が日本人だと感じられない」と言い出した。この頃，彼は自分の日記にこう記している。「僕の日本人への態度は否定的で，ときに敵意さえ感じるほどだ。カナダにいたときには日本人であることを誇りに思っていたのに，今度は自分が帰国生であるということを言い訳に，日本人を下に見ている。カナダにいたとき，カナダ人

は偏狭だと思ったけど，日本人も同じだ。……カナダにいたとき，自分は日本人だと思っていたのに，日本に帰ってきたら，自分が日本人だと思えなくなった。カルチャーショックにかかるなんて，思ってもいなかったけど，日本に慣れるのは本当に大変そうだ」。

　そんな逆カルチャーショックに陥った純君にとって大切なことは，「普通の人」ではない「帰国生」としての特別なアイデンティティを維持することとなり，今度は英語力の維持が彼にとっての課題となった。そんな彼は，海外生活を体験していないにもかかわらず，高い英語力のある人に出会っただけで，まるで自分の価値が下がったような気さえしたという。また，大学生活そのもののあり方も彼には大きなカルチャーショックとなった。カナダで育った彼にとっては，大学こそ真剣に知の世界に到達する学びの場であるという期待感があったが，まわりの日本人学生は楽しむために大学に来ているようにしかみえなかった。授業では後ろの席から埋まっていき，いつも前が空いている。ふと気づくと一所懸命ノートをとっているのは純君1人だったこともあるという。「日本の大学は学生を教育しているふりをしているだけだ」といらを隠せない純君だった。

　こんな彼にとって唯一の心のよりどころとなったのが同じ境遇

の帰国生仲間だった。彼らの中には，帰国生以外の友人も作ってうまくやっている者もいたが，純君は帰国生としか付き合わないようにした。「普通の日本人」との付き合いがないことは少し気にはなったが，あまりにも共通点がなさすぎて付き合う気にならなかったという。「帰国生は，自分たちを純粋な日本人とは思っていないんだ。でも，外国人でもない。つまりどこに自分たちが属してるのかよくわからないんだ」と，自分のアイデンティティについて悩み続ける純君だった。 （参考：Kanno, 2000）

設問

純君が苦しんだアイデンティティの揺らぎの問題に解決法はあるだろうか。

考察

純君はカナダ，日本とどちらの国にいても自分がそこに確かに所属しているという安心感が得られず苦しんだようだ。この例のように，第一文化を完璧に自分のものとする以前に別の文化に移動すると，個人の中に2つの文化が並存することになり，「自分が何人なのかわからない」と不安感にさいなまれるということが起こる。また，純君のように日本にいると別の文化と比較して，日本が劣っているような気がするのに，別の文化に行くと今度は日本と比較してその文化の問題点ばかりが目に付いて落ち着けない，つまり，どちらの文化にも完璧に溶け込むことができず，どっちつかずな状態となることもよくあることだ。

現在，グローバル化が進み，全世界で純君のような問題を抱える子どもたちが生まれているが，このような状態を「どっちつかず」と否定的に捉えるのではなく，日本でも，カナダでもない，

つまり既存のどこかに所属するのではなく，新しい「第三の文化」をもつ，または作り出す「サード・カルチャー・キッズ」(TCK) として捉えようという動きがある。つまり，彼らは自分の所属する文化を「異文化」のように客観的にみるという，異文化コミュニケーションにおいて最も基礎的かつ求められる能力を備えており，それゆえ，文化の壁をやすやすと越えることができる可能性をもっているといえよう。TCK であった人々の多くがどっちつかずの状態で苦しんだ後に，「自分は地球人」であるという，国を超越したアイデンティティの存在に気づき，安心感を得ているといわれている。つまり，国というのは人間が恣意的に作った区別であり，宇宙からみた地球には国境も何もない。そのシンプルなことに気づけば，意味のない線引きによって苦しめられるのはきわめてナンセンスでばかげた行為ということになろう。純君も文化の移動に伴ってさまざまな経験をし，日本でずっと暮らしてきた人々にはけっして味わえない独特の苦労もしたようだが，その苦労によって獲得することができた複眼的視点を誇りとして自分なりのアイデンティティのあり方を探ることができれば，新しい視点が開けてくるのではないだろうか。　　　　　[H]

課題　リサーチ＆プレゼンテーション

「サード・カルチャー・キッズ」について，本や雑誌，インターネットなどを使い，具体例も含めて調べ，発表してみよう。

ケース2 　バイリンガル帰国生，緑さんの苦悩

緑さんは 15 歳のときにカナダのトロントにやってきた。小学校時代もアメリカで過ごした緑さんにとっては二度目の海外生活

> <コラム　日本人ってどんな人>
>
> 　ミトコンドリア DNA，つまり遺伝子情報をもとにした最近の研究によると，人類の祖先は1人のアフリカ人女性ということになるそうだ。つまり，白人，黒人，黄色人種などの人種は別々に発生したわけではなく，もともとは共通のアフリカにいた祖先から生まれたが，移動した場所の環境に適応したためにいろいろな身体的違いが生じたということになる。
>
> 　さて，翻って，これら一連の研究から日本人とはどんな人々だといえるのだろうか。本州に住む日本人のミトコンドリア DNA を調査した宝来聰によると，どうやら日本人固有ともいえるミトコンドリア DNA のタイプをもった人はたったの 4.8％しかいなかったということだ。多かったのは，中国に多いタイプと韓国に多いタイプをもった人たちでそれぞれ約 25％ずつである。後は，沖縄に多いタイプが 16％，アイヌに多いタイプが 8％，そしてこれら以外のタイプが 21％という実に雑多な集団であることがわかったという。つまり，遺伝子の型からいえば，日本人といえそうな人は 5％弱しかおらず，後は大陸や先住民族の祖先，そしていろいろな遺伝子が雑多に混じった「混血」集団ということになる（宝来，1997）。「日本人の血」にこだわり続け，アジアの隣人に冷たい視線を送るような人々は，ラベルに振りまわされて高額なブランド品を購入する人々のことを笑えないことになろう。
>
> 　　　　　　　　　　　　　　　　　　　　　　　　　　　　［H］

ではあったが，小学校の途中からはシカゴの日本人学校に通っていたので自分の英語力に自信がもてなかった。そのため，トロントの学校生活は，まず英語を母語としない学生が通う ESL（第二言語としての英語）の特別プログラムからスタートした。小学校の低学年の頃は，ほとんど日系人のように英語を操って毎日アメリカ人の友達と遊んでいた記憶のある緑さんは，すぐに ESL を出て，普通のクラスに入れるだろうと高をくくっていたのだが，

現実はそんなに甘くはなかった。

　その学校には数多くのアジアを主とした外国人学生たちが在籍していたこともあり，完璧ともいえるほど，ESL のシステムが整っていた。ところが，システムが整いすぎていたためか ESL の学生と，「レギュラー（通常）の」勉強をしている ESL 以外の学生の間には，まるでカーストのように上下関係ができており，両者の間には敵意や反感しか存在していないような状態だった。そんななかで，緑さんは徐々にやる気を失い，２年目になってもずるずると ESL のコースを取り続けていた。そんなある日，緑さんに信じられないことが起こった。彼女が教室の鍵を閉めて１人で理科の実験をしていると，「レギュラーコース」の学生が鍵のかかっていないドアをみつけて押し入ってきて，こう言った。「Are you deaf or ESL?」(あなた，耳が不自由なの？　それとも ESL?)。そのとき，ESL の学生であることはまるで障害をもっているのと同じなのか，とひどく彼女はプライドを傷つけられたという。その頃の気持ちを緑さんは次のように語っていた。「ESL の友達と一緒にいると，とても楽しいけど，自分も含めてみんな二級市民だって思う。カナダ人たちは自分たちを『不完全な』人間だって思ってるのを知ってるし。で，ここに属している人たち（カナダ人）との付き合いもなくて，ここの本当の暮らしをエンジョイできているわけじゃない。英語もたいしてうまくなっていないし」。

　こんなふうにカナダでの学校生活を過ごして日本に帰国した緑さんだったが，大学入学にあたっては帰国生入試のおかげで，親の希望通り，一流といわれる国立大学に入学することとなった。ところが，大学に入学した緑さんは，またここでも劣等感にさいなまれることになってしまった。激しい受験戦争を勝ち抜いた，

いわば「勝者」のようなクラスメイトたちの中にあって，彼女は自分が彼らほど知識もなければ能力もなく，まるで間違って入学してしまった「場違いな」人間のように感じたというのだ。カナダにいたときは自分の英語力不足のせいでまわりに溶け込めなかったと感じていた緑さんだったが，日本に帰ってきて今度は日本語力さえも不足していることに気づいてしまった。「英語も日本語も，両方が中途半端。日本語の新聞は難しくてわからない単語がたくさんあって，読めないし。といっても英語の新聞も同じこと。私には，難しすぎる。私ってなんて中途半端なんだろう」と自分の語学力不足に悩む緑さんだった。　　　（参考：Kanno, 2000）

設問

バイリンガルのはずの緑さんがこのような悩みを抱えてしまったのはなぜだろうか。このような問題を防ぐにはどのようなことが必要だろうか。

考察

いつの頃からか，帰国子女タレントという人たちがテレビに登場するようになった。それ以降世間では，「帰国子女」というと「英語がペラペラでかっこいい」というイメージが定着し，「親のお陰でいい思いをして，楽に英語をマスターできて，うらやましい人たちだ」などと勝手な思い込みから「色眼鏡」でみるようになってしまったのではないだろうか。しかし，実際は緑さんのように渡航先では英語で苦労し，思ったほどの成果も挙げないまま帰国している人も多いという。また，この問題を複雑にしているのは，親たちでさえ，自分の子どもの苦労や抱えている問題を理解していないことが多いということである。親は発音に四苦八苦

している自分たちに比べると，みるみるうちに美しい発音で話すようになる子どもをみて，「適応できている。英語も上達している」と思い込むようだが，実際に現地の人と同レベルで，抽象的な思考がその言語を使ってできるというところまで到達するのはそんなに簡単なことではない。また，数学や物理が得意な人がいるように，言葉にも得意，不得意があるのはあたり前であるという基本的なことを忘れている親も多いようだ。つまり，どんな子どもでも外国に連れて行ったり，インターナショナル・スクールに入れれば，簡単に「英語がペラペラになる」というのは，間違った思い込みである。

　緑さんのように，大人になったときにどの言語も中途半端だと本人が感じる，ということは本人にとっては大変大きな問題であるが，きれいな発音の日本語や英語を聞いている限りは誰も本人がそのような悩みを抱えているとは気づかない。また，まわりの人がそんな悩みに気づかないために「どうしてこんな漢字も知らないの」などと気軽に言ってしまい，知らないうちに相手の傷口に塩を塗るような行為をしてしまっているということも起こるようだ。そんなとき，「外国で育ったから」と自分の失敗を笑えるような性格であればまだ救われるが，緑さんのように自分を責めてしまい，うつうつとしてしまうということになれば，問題は複雑になる。この例のような場合，まず渡航先では親がしっかり自分の子どもの状態を観察し，彼女がどのような問題を抱えているのかを理解する努力をしていれば，話が少し違っていたかもしれない。また，帰国後についても彼女の感じている劣等感や不安感を理解し，ケアしてくれるような人がまわりにいれば，彼女の悩みもいくばくかは軽くすることもできただろう。どちらにしても，周囲の人の理解と配慮が大切だということになろう。　　　［H］

課題 インタビュー＆グループ・ディスカッション

「帰国生（子女）」といえば，どんなイメージがあるだろうか，グループで話し合おう。また，まわりに「帰国生」がいれば，その人に以下のような内容のインタビューをし，帰国生と他の生徒・学生の円滑なコミュニケーションには何が必要か話し合ってみよう。

質問

① いつからいつまで，どこにいたのか。
② 海外では，何が一番大変だったか。
③ 日本に帰ってきて，嫌だったこと，驚いたことはどんなことか。
④ 帰国生だということで，嫌な目にあったことがあるとすれば，どんなことか。

> **ケース3** 「帰国オババ？」由香里さんの逆カルチャーショック

　由香里さんは日本育ちで，大学を卒業するまで日本で生活をしていた「バリバリの日本人」であった。そんな由香里さんだったが，英語が大変得意で奨学金も得たことで，大学を卒業すると同時に渡米し，大学院生となった。アメリカでは，まわりに日本人がいなかったこともあり，とにかくまわりのアメリカ人と仲良くしようと必死に頑張った。発音が悪いとばかにされ，笑われても，一緒に笑い飛ばしてしまうという荒業？で乗り切り，大学院を卒業する頃にはとにかく英語にはまったく困らないほどになった。卒業後，運よくニューヨークでの仕事もみつかり，由香里さんはアメリカ暮らしを満喫していた。ところが，就職してから3年ほ

ど経ったある日，勤め先の日系企業の上司から「一度日本の本社で修行をしてこい」と命令を受け，なんと6年ぶりに日本に帰ることになってしまった。

　由香里さんの日本での生活は驚くほどの「逆カルチャーショックの嵐」であったという。町を歩けば，中年男性が平気でつばを吐くのに驚き，また，若い女性がやたらとグループで固まって，「キャー，キャー」と甲高い声で叫び，同じような服装をしているのに驚き，また，「七三に髪を分け，眼鏡をかけ，なで肩で，疲れた目をして，グレーの地味な背広を着ている」ような外見の男性が多すぎて，どの人をみても上司の「山田さん」にみえて困ったなど，毎日がびっくりの連続であった。

　また，彼女が困ったのが，日本語の漢字変換の能力が衰えていたことであった。「一消費者だけど」といってかかってきたクレームの電話に「イチショーヒ社のどちら様ですか？」と真顔で聞いて相手を怒らせてしまったり，取引先の銀行が「当行では」と言っているのが「投稿か登校か？」とさっぱりわからなかったりと，オオボケ状態の彼女に対し，「帰国子女でもないのに，あんなに外国かぶれになるのはおかしい」「格好をつけてるだけじゃないのか」と同僚たちは首をひねるばかりだった。

　そんな由香里さんを悩ませたのは，会社の同僚や上司ばかりではなかった。たまに帰ると実家の父親が悲しそうに「昔のお前に戻ってくれ」と言うことだ。自分はそんなに変わっているつもりはないのに，父親の目にはどうもそのようには映っていないようだった。「私は私よ」と最初は頭にきたが，最近はけんかをしても平行線だというのがわかっているので，極力反抗しないように取り繕うようにしている。ただ，本当の自分を受け入れてもらえていないように感じるのが，最もつらいことだという。

悩みの多い由香里さんだったが、日本の生活に慣れてくると、今度は日本のいいところもみえてきた。チップはいらない、道や駅のトイレがきれいで安心、店員が礼儀正しく人をだまさない、電車は遅れないし、終電に乗っても殺人も強奪も強姦もない、公園に行っても麻薬を売っていないなど、安心で快適な日本生活がそれなりに楽しめるようになった。とはいえ、やはり日本はいろいろな面で息苦しく、アメリカにはいつか絶対帰りたいと考えている。東京でできた友達もほとんどが帰国生や「ハーフ/ダブル」の人たちだ。文化の壁を越えるという経験をした者がもつ自由な「空気感」や「独特の視点」をもっているという点で共感できるからだという。

設問

　由香里さんのケースからどんなことがいえるのか、「文化移動」の視点で分析してみよう。

考察

　「文化」は学習するものである。つまり、母国で身に付けた第一文化でさえも、けっして初めから備わっているものではなく、

親のしつけや教育，まわりの人々とのコミュニケーション，テレビの視聴などさまざまな刺激を受け，個人が努力して身に付けたものである。そう考えると，由香里さんの例も不思議ではなくなる。つまり，彼女の場合，第二文化であるアメリカ文化をしっかり学習しすぎたあまり，最初に学習した日本文化の影が薄くなってしまったということになる。第一文化がしっかり固まっていないときに文化移動をすれば，第一文化が限りなく消えてしまったり，劣勢になってしまうということは帰国生の問題としてよく知られたことだが，由香里さんのように成人になってから文化移動を経験したとしても，同じようなことが起こることはあまり知られていないのではないだろうか。彼女も「大人になってからアメリカに行ったのに，こんなになるのはおかしい」と散々まわりの反感を買ったようである。

　由香里さんの例にもあったが，周囲の理解を得られないということが，このような帰国経験をした人の大きな悩みとなるようである。よくある例としては「海外での体験談をするとまわりの人が嫌な顔をする」というものだ。最初は珍しがって聞いてくれた人でも，繰り返されるうちに「まるで自分たちが責められているような気がする」ということで，歓迎しなくなる。ところが，本人にしてみれば，貴重な経験であるだけに，ほかの人にも聞いてほしいし，もちろんわかってほしいところであるのに，それを拒否されると，自分自身さえも否定されているような気がしてとてもつらくなる。また，由香里さんの例のように，親や兄弟そして友人などが，本人に起こった変化を歓迎しないという話も多い。文化移動をした人は大変な思いをして新しい文化を学ばねばならず，それを成し遂げたということは本人にとっては大きな自信である。そして，その自信がもととなり，大きな自己肯定感が生ま

れている。そんな個人にとって周囲の近しい人々が「もとの状態に戻ってくれ」と願うのは、その自己肯定感のもとともなっている「文化の移動による学習や文化移動によって起こるカルチャーショックの克服による成長」そのものを否定するということにもなり、ただでさえ大変な母国への再適応をいっそう困難なものにしてしまう。自文化への再適応は、異文化への適応よりも大変だったと語る人も多いのは、このような周囲の無理解に起因しているとも考えられよう。　　　　　　　　　　　　　　　　[H]

課題　グループ・ディスカッション＆プレゼンテーション

来週、アフリカのある国で20年を過ごした元青年海外協力隊員がゲストスピーカーとしてクラスにやってきます。あらかじめ、みなさんに以下の2つの質問が出されているので、グループでディスカッションを行い、質問の答えをプレゼンテーションできるように準備してみよう。

質問

① この20年間で日本社会はどのように変わったのか。具体的に説明してください。

② この20年間で変わらなかった点はどんなことか。具体的に説明してください。

留意点

黒か白かの決着

海外生活があまりに長いと日本で最初に直面するのが日本語の問題である。帰国生はともかく大人であれば大丈夫と思っていても、実は日本語そのものが問題なのではなく、ちょっとした言葉

コラム　逆カルチャーショックの研究

　個人が一定期間異文化で過ごし，帰国した際に感じる文化的衝撃は逆カルチャーショック，またはリエントリー・カルチャーショックといわれて研究されている。ティン・トゥーミー（Ting-Toomey, 1999）によると，逆カルチャーショックの要因は，滞在者のアイデンティティの変化，自文化の理想化，もとの仕事に戻ることで遭遇する困難，家族や友人たちとの親密さが期待通りに得られない，家族や友人が自分の異文化での経験に興味を示さない，もとの自分に戻るようにプレッシャーがかかる，自国が「古くさく」感じたり，逆に「変わりすぎ」ていると感じることなどが挙げられるという。

　一般的には壮年や老年よりは若年の帰国者の問題の方が大きく，そして母国より緩やかなジェンダー観の支配する文化に滞在した場合，女性の方が男性より大きな問題に遭遇することが多くの研究から明らかにされている（Landis & Wasilewski, 1999）。アメリカから日本に帰国した女性たちが大きな逆カルチャーショックに遭遇するのは，このジェンダー観の差異によるものが大きいのかもしれない。また従来，日本における帰国生の逆カルチャーショックに関しては，彼らは「和」を尊ぶ日本文化という特殊な環境の中に戻ってくるため独特の経験をするという文脈で語られることが多かったが，近年では，母国への再適応という広い意味では，他の国々での問題とかなり共通点があるという結果（Brabant et al., 1990；Kanno, 2000）も報告されている。研究に際して，滞在先の生活環境やそこでの過ごし方，あるいは滞在期間もさまざまに異なる帰国者をひとくくりにして結果を出してしまうことに対する問題点も指摘されており，新しい形の逆カルチャーショック研究の形が模索されている。

［H］

づかいやスタイル，そして相手に対してどのように振る舞うのが礼儀かなどさまざまな習慣上の違いが大きな問題を生むこととなる。例えば，海外生活の長い帰国女性の話がある。家に母親の友人がやってきたが，まだ母親が帰ってきていなかったため，その人にとりあえずお茶を出すことにした。当然のように，何が飲みたいのか聞くのが礼儀だと思い，「コーヒーにしますか，紅茶にしますか，それともオレンジジュースにしましょうか。日本茶もありますよ」と聞いてみた。ところが，その人が「何でもけっこうですよ」と言うので，困ってしまい「でも，言ってもらわないと何が欲しいのかわからないので言ってください」とお願いした。それでも，「一番楽なものでけっこうですから」という返事しか返ってこない。そんなやりとりが繰り返された後，業を煮やした彼女はついに「何にするか，とにかく言ってください！ 言ってもらわないと困ります！」ときっぱり言ってしまい，来客を驚かせてしまったということだ。

　日本では，よほど親しい間柄でなければ，何が飲みたいかと聞かれても，相手の手間を考え，礼儀として「何でもけっこうです」という答えを返す。したがって，出す方は，相手が飲みたいものを勝手に類推することになるが，この行為の影には，相手に迷惑をかけてはいけないという配慮がある。つまり，このように相手の気持ちや状況をまずどんなときにも優先するのが大切であるという考えがある。ところが，同じ相手に対する配慮でも，個人主義的な価値観では「個人が好きなものを自分で選び取る権利」を相手に保障するという配慮が先にくる。つまり，「(あなたに迷惑をかけたくありませんので) 何でもけっこうです」と言うか，「(あなたの選択権を保障したいので) 好きなものを選んでください」と言うか，まったく異なったことを相手に求めているが，ど

ちらもつまりは相手に配慮していることになる。

　お互いが「善意」で相手をもてなそうとしているという信念があるだけにこのようなすれ違いは難しい。「どうして何が欲しいかも言えないの！」「遠慮してるんだから，適当に見繕って何か出してくれたらいいのに！」と自分の善意が拒絶されていると感じ，お互いに余計にいらいらすることになる。また，この例の場合，日本人同士だという思いがあるだけに，すれ違いはいっそう深刻になる。つまり，外国人が相手であれば，「習慣が違うのか」と納得できても，同じ日本人であれば，ただ「失礼で，横柄だ。気が利かない」などと否定的な意味づけが起こってしまう。新しい価値観を学び身に付けるのはよいことであるが，それらの新しい価値観や行動パターンが日本のものと大きく異なっていたり，また日本では受け入れてもらえないような場合は大きな問題となり，個人にのしかかることになる。　　　　　　　　　　　　[H]

国際ボランティアの帰国後

　非政府組織（NGO）や国際協力機構（JICA）から派遣される国際協力のためのボランティアたちが活躍する地域は世界の各地に広がっている。例えば，青年海外協力隊員は，特定の技術や能力を必要とする国々に派遣されて2年間試行錯誤しながら現地の人々の中に入っていき，彼らなりの協力活動や指導に力を注ぐ（第8章参照）。そこでは言葉や風俗，習慣の壁を乗り越えながら対人関係を築き，相手を説得したり，納得させたりしながらそれなりのリーダーシップを発揮して仕事をこなしていかなければならない。

　そんな大変な滞在期間を無事終え，帰国した協力隊員は，自らの経験について一様に肯定的に語っている。「海外での経験によ

り自己の再発見ができたと同時に、大きな成長を遂げることもできた。また、異文化理解も進んだ」ということのようだ。しかしながら、日本社会への再適応に際しては、大きな違和感や数々のショックに見舞われるのが普通のようだ。例えば、多くの隊員が感じるのが、日本社会の不必要なほどの無駄やぜいたくであり、また人々がそのことに無頓着であるのがとても腹立たしく感じるという。また、組織の中では自分の意見を抑え、はたまた自分の存在そのものさえ目立たせないようにすることが求められることなどに改めてショックを受ける。

　努力すれば、世の中を動かすことができる、また自分には社会に貢献できる力があると、自信に満ちあふれて帰国したのにもかかわらず、もとの職場に戻ってみると、海外の体験が評価されず、後輩たちが自分より上のポストについていたり、海外では自分が采配を振るっていたのに、帰国すると組織の中の歯車でしかなくなってしまうなど、自己像と現実の自分とのギャップに苦しむことになるということもよくあるようだ。母国に戻るということは、海外に出かけることと負けず劣らず、本人にとっては予想外に大きな心理的、社会的な葛藤を経験することもあり、周囲の理解が切に求められるところだ。

第3章
共文化コミュニケーション

　共文化（co-culture, サブカルチャー）とは, 例えば, 居住地域, 年代, 職業, ジェンダーなどの差異や, 障害の有無など, 「日本文化」という1つの文化の中に存在しているが, 独自の考え方や行動様式を備えているグループがもっているものである。わかりやすい例でいえば, 同じように日本で育ったとしても, 個人は育った地域や環境, 性別, 職業などによって大きな影響を受けており, 大阪文化, 若者文化, 教員文化, 女性文化, 聾文化など, さまざまな共文化を同時にあわせもっているということになる。自分が所属しているさまざまな共文化の中でどの部分が最も大切かはその個人によってもちろん異なるが, 個人がいろいろな共文化に同時に所属しているという点においては共通しているといえよう。この共文化の違いによっても, 国による差異と同様, 実際はさまざまな問題が起きている。

世代間ギャップ

　時の流れは早く, 一刻も止まることがない。「近頃の若者は」と言われてきた世代が, いつの間にかその表現を使う立場になっている。世代の違いというのは親と子のようにおよそ20年から30年ぐらいの違いを意味することが本来であろうが, 明治生ま

れ，昭和生まれなどと元号にあわせて世代が語られることもあれば，第二次世界大戦での敗戦という大きな節目を境にして戦前派とか戦後派という言葉も使われる。現在では，30歳代，40歳代と10年ごとに世代を区切ることもあるし，「団塊の世代」のように戦後のベビーブームの時期に生まれ，経済成長期に仕事一筋で生きてきた猛烈サラリーマン世代のことをまとめていう場合もある。そのほか，東西冷戦，東京オリンピックや万博，石油危機，バブル期のようにそれぞれの時代に起きた大きな出来事や特徴のある景気などにちなんで世代を語るときもある。さらには，人類初の月面着陸や湾岸戦争の様子をテレビでみた人々ということで世代を考える場合もあろう。

　世代間の格差によって私たちはどの程度相手を理解しにくくなっているのであろうか。親にとって子どもは小さいときはかわいいばかりの存在であるが，幼稚園，小学校，中学校と成長するに従って親の思惑通りにはいかなくなる。親にしてみれば，自分の子どもであるという思いが強いぶん，子どもが思い通りの行動や言動をしてくれないと余計に腹が立つ。また，子どもは子どもで親の世代とは異なった価値観や時代の空気感に触れ，親世代には理解できないような考え方をしていたり，親の考え方はきわめて「古臭い」と感じているというのはよくある話であろう。基本的には，文化は変わらないようでゆったり変化をするものであり，親子の間の何十年という年齢差が生む価値観や考え方の差はけっこう大きなものであるといえよう。つまり，親と子には小さな「文化」の違いがあると思っていた方がよさそうである。

　また，近年では，小学校や中学校，はたまた高等学校などで，子どもや生徒たちとうまくコミュニケーションをとることができない教員の話もよく聞かれる。昔であれば，授業中は黙っておと

なしく先生の話を聞いていたような子どもたちが，今では勝手に走りまわったり，先生に向かって暴力を振るったりと，教師からみればまるで「異文化」ともとれるような行動をする者も出て，「学級崩壊の危機」とまでいわれている。

　大学においても教授たちが自分の専門分野について一方的に話しているだけというのがあたり前というのは一昔前の話となりつつある。最近では，ときどき冗談を言ったり，ビデオをみせたり，パワーポイントを使ったりするなど，とにかく，教員は学生が飽きてしまわないように努力をしなければいけなくなっている。よく言われるのが，授業に参加する学生たちにとっては，教壇は，まるでテレビの番組のようだということだ。つまり，少しでも面白くなければ，すぐさま，別のチャンネルに切り替えて，他の番組をみはじめる。ただ，この場合は別のチャンネルがないので，することといえば，携帯電話でのメール打ちや，他の授業の宿題，はたまた居眠りや隣の人とのおしゃべりに精を出すということになる。

　学校を卒業して就職したばかりの新入社員を迎える上司にとっては，彼らの言葉づかい，振る舞い，仕事に対する考え方，人間関係のあり方，あるいは勤務態度そのものなど，気に入らないことばかりで，まるで「宇宙人」だと毒づきたくなることもあろう。また，同様に，新入社員からみた上の世代の社員たちもまるで「化石」のような考え方ということになり，お互いに理解しようという努力さえしないということもあろう。このように，現代はあらゆるところで，世代の違いによる問題や誤解が起こっている時代だといえよう。

ケース1　車椅子での生活になって

　中学，高校を通して野球部に所属し，スター選手として活躍してきた健君は大学に入るまで病気といった病気もせず，毎日を過ごしてきた。ところが，大学に入って初めての夏休み，そんな健君の生活を根底から覆すような出来事が起こった。横断歩道を渡っていた健君に向かって酒酔い運転の車が突っ込んできたのだ。そして，生死の境をさまよった健君がやっと目覚めたのは事故後1週間もたったときだった。健君が長い眠りから目覚めたとき，家族やガールフレンドの奈月さんは，彼が助かったということだけで非常に喜んだが，健君は自分の足にまったく感覚がなくなっていることに気づき，とても喜ぶ気にはなれなかった。

　事故後すぐの頃の健君は，もしかしたらいつか歩けるようになるんじゃないかという希望と，もうだめだ，いっそのこと死んでいた方がよかったのに，という絶望との間で激しく揺れ動き，どうしてよいのか自分でもわからないといった様子だった。そんな健君にとって，一番つらかったのは，見舞いに来た友達がみんな自分を哀れんだような目でみることだった。結局，入院当初は入れ代わり立ち代わりやってきていた友達も，健君に歓迎されないとわかると徐々に減り，3週間もたった頃には誰も来なくなってしまった。

　事故後1カ月が過ぎた頃，健君はリハビリ専門の病院へと転院することになった。この頃，最も健君をいらいらさせたことは，奈月さんや健君の母親が彼の代わりに何でもやってしまうことだった。「自分でできるから！　ほっておいてくれよ！」。そんな日が続いて頭にきた健君は，とうとう奈月さんに対して怒りをぶつ

けてしまった。奈月さんもそんな健君のかたくなな態度にほとほと疲れてしまっていた。もちろん奈月さんは健君が好きだったが，今の健君は奈月さんの好きになった健君ではなかった。その日から奈月さんと健君の仲はギクシャクするようになり，結局，奈月さんは健君のもとを去っていってしまった。

　奈月さんが去った後，健君はまた生きる気力をなくしてしまい，「いっそ死んでしまっていた方が楽だったのに」と思いつめていたが，母親が泣いて頼むので仕方なく，リハビリだけは続けていた。そんな健君だったが，リハビリに通ううちに顔なじみの人たちもでき，彼らと言葉を交わすようになった。そこで健君を驚かせたのは同じような障害を負っている人たちが彼ほど落ち込んでいないことだった。そんななかの1人，ソーシャルワーカーの亮さんに話を聞いてもらっているうちにやっと健君は自分の人生について少し前向きに考えられるようになった。いつか，亮さんがしてくれたように，自分も人の役に立てるようにソーシャルワーカーになりたい。そんなふうに思った健君は，大学に戻って心理学の勉強をすることにした。

　大学に戻るというのは，しかし健君には大きなハードルだった。離れていった友達は健君にどんな態度をとるのだろうか。昔の健

君と同じように接してくれるのだろうか，それとも障害者としての健君としてしかみてくれないのだろうか。そんな不安を胸に，初登校の日を迎えた健君だったが，彼の心配した通りのことが起こってしまった。すれ違うほとんどの人が，まるで彼が目に入らないかのような，避けるような態度で足早に通り過ぎていったのだ。彼が事故にあう前には挨拶くらいしていたような知人まで，明らかに彼を避けているのがわかった。ところが，無視して通り過ぎるのはまだましだということがすぐにわかった。何人かの友人は，彼が車椅子に乗っている理由や，彼ができることやできないことについて根掘り葉掘り聞いてきたのだ。ただ，気になるから聞いているだけで，別に悪気はないとわかってはいるものの，もともと自分のことをあまり人に言うのが好きではなかった健君は，まるで何か見世物になったような気がしてとてもつらかった。

こんな健君の戸惑いを解消する助けになったのは，亮さんがリーダーをしている障害者のサポート・グループだった。そこで，自分のつらい気持ちを話し，他の参加者たちも大なり小なり同じような経験をしていると知った健君は，自分も障害を抱えるまでは，友人たちと同じように無知だったし，同じような態度をとっただろうと思い直すことができるようになった。そして，他の参加者の障害の話を聞くにつれ，自分はただ脊椎損傷という障害について知っているだけで，他の障害については何も知らないということに気づき，他の障害についての勉強も始めた。

そんな健君だったが，車椅子の生活になって3年目を迎える頃，ガールフレンドにしたいと思えるような女友達もでき，彼女とは定期的に一緒にご飯を食べに行ったりするような仲になった。彼女も健君に好意を抱いているようだが，どうやら彼女の親が健君と付き合うことに反対しているらしく，そのことで，なかなか前

に踏み出すことができなかった。彼女の親にすれば、自分は「欠陥商品」のようなものなのだから仕方がない、とあきらめてはいるが、この先自分はどうすればよいのか逡巡する健君だった。

(参考：Braithwaite & Wood, 2000)

設 問

障害のある人とない人の間のコミュニケーションを疎外する要因にはどんなものがあるだろうか、このケースを通して考えてみよう。

考 察

まず、健君を再びキャンパスでみかけたとき、何人かの友人が健君をみないふりをして通り過ぎたのはなぜだろう。たぶん、障害を負ってしまった健君にどのようにして接したらよいかわからなかったという単純な理由からではないだろうか。健君の障害についてまったく気づかないようにするのも変だし、また、いろいろ聞くのもはばかられる。それならいっそ、気づかないふりをした方が楽だ、という判断が働いたのかもしれない。これは、障害のない人がその人の障害にばかり目がいってしまうことから生じた大きな心理的バリアのせいだといえよう。

本当は、車椅子に乗っていても健君は健君である。その本質的なことに気づけばよいのだが、人間はどうしても目にみえた大きな差異があれば、そこに注目してしまうようにできている。これは例えば、外国人が目の前に現れたら、「外人だ！」とまず考え、その人がどんな性質や特技をもっている個人かということについては考えようともせずに相手を十分理解した気がしたり、また、見た目の違いからお互いの差異の大きさを勝手に類推するのと似て

いるのではないだろうか。しかし，外見は異なっていても日本で育ったため，英語はまったく苦手だし，好きな食べ物は日本食で，趣味は漫画とテレビゲームなど，日本人と非常に多くの共通点をもった外国人である可能性もある。つまり，「外国人」や「障害者」というラベルのみで，相手をみてしまうことに大きな問題がある。実際は，健君は健君であり，「障害者の健君」ではないはずだ。例えば，目が悪ければ眼鏡をかけているように，足が悪いので車椅子に乗っているだけである。この視点の違いに気づかなければ，いつまでも「障害者は……」と障害の種類や程度などの差も，個人の違いもすべて無視してひとくくりにステレオタイプ的な判断をすることになろう。まさしく，国や人種の違いからくる異文化コミュニケーションの問題と同じような問題がここで起きているといえる。

　また，このようなことと関連して，よく聞かれる「障害者なのに頑張っている」などというコメントの意味合いについても考えたい。岩隈（2002）が言うように，例えば，「日本人なのに頑張っている」と外国人に言われたことを連想すれば容易に気づくだろうが，自分が優位な立場にいるという意識がなければ，このような表現はけっして使わないし，言われた人はそのような微妙な優越感の存在に瞬時に気づく。つまり，そのようなことを平気で言うということは，相手を対等とはみなしていないことの証左になる。健君の例に戻れば，たまたま，足が悪くなって車椅子に乗っているだけで，健君の本質には何ら変化がないはずなのに，足の自由が利かなくなっただけで，急に他の人から下にみられるとすれば，きわめて理不尽だといえよう。「障害者」と「健常者」という区分そのものがこのような間違った考え方を広めているとして，「健常者」ではなく，「　時的に体が自由に使える人」

(temporarily able-bodied) という呼び方に変えようという動きがある。まずは、この定義に照らして一度自分とまわりの人々をみまわしてみることから始めてはいかがだろうか。　　　　　　[H]

課題　体験実習――新たな感覚に目覚めよう！

2人で1組になって、20分間の視覚遮断体験をしてみよう。まず1人が目をつぶり（あれば、アイマスクを装着する）、もう1人は介助者となり、2人で歩いてみよう。また、10分たったら、役割を交代しよう。介助者は相手がみえていないことを忘れないようにして、どのように声を掛け、介助すれば相手の不安感を軽減させることができるかということに気を配ろう。また、目をつぶっている人は、普段目でみて確認しているときと、どんなところが異なるのか、また新たに気づいたのは何かということに注意しながら歩いてみよう。実習後、4人から6人のグループで体験したことを話し合おう。

ケース2　「セクハラ」社長との戦い

　斉藤由美さんは、アメリカの大学を卒業した後、東京に出て働くことも考えたが、家族の強い希望もあって出身地のある地方都市に戻り、地元の商社への就職を決めた。そこは、50歳代の社長の山田さんと事務員の三田さん、そして新入社員の斉藤さんの3人だけの小さな会社だったが、英語を使って仕事をするのが希望であった斉藤さんにとってカナダとの取引が中心のその会社は大変理想的な会社に思えたのだ。

　入社後、斉藤さんは得意の英語を使えるということで、張り切って仕事に励んだ。社長の山田さんからもその働きぶりを認めら

> <コラム　中央志向──共通語と方言>

　ある地域から東京に出かける場合には「上京する」という。また,「お上には逆らえない」というときのお上は一般的に中央官庁を指す。このように,現代の日本社会には政治や経済,文化などあらゆる面で東京という中心に向かって収斂する一極集中の傾向があるのではないだろうか。ニュースは東京のスタジオから放送され,また食からファッションに至るまで東京から流行が発信されることが多い。これらの中央志向の現れが,東京で話されている「共通語」の「地位」の高さにみてとれる。例えば,首都圏では地方の強い訛りがある人を「田舎者」と判断して敬遠する傾向があるように見受けられる。このような風潮があるのを知ってか,地方出身者が首都圏では自分の出身を悟られまいとして一切方言を使用しないようにする場合もあるようだが,これは,首都圏における一種の適応行動ともいえよう。

　しかし,例えば筆者の場合,かなり共通語を使っているつもりでも,会話のテンポやちょっとしたイントネーション,あるいは冗談やユーモアの使い方などがどうやら首都圏の人々と違っているようで,ときどき「関西出身ですよね」と指摘される。関西出身で何が悪いのか,と言いたくなるが,言っている相手にはまったく悪気はないようだ。いずれにしろ,自分の言葉を胸の奥深くしまい込むということは,自分らしさを無理に押さえ込むということにもつながりかねない。共通語を使っている首都圏の人々ももとをただせば,ほとんどの人々が地方の出身者であるともいえるし,それだけにいろいろな話し言葉を耳にしてもその多様性を受容し,楽しむといった風潮になってほしいものである。

れ,また三田さんが妊娠を機に会社を辞めてしまったこともあり,斉藤さんはカナダとの取引を1人で取り仕切るほどになった。そんなふうに仕事面での斉藤さんの生活は大変順調だったが,たった1つ斉藤さんを悩ますことがあった。それは,山田さんが仕事

の後，しばしば「おい，飯でも食べに行こう」と斉藤さんを誘ってくることであった。最初は山田さんのおごりでいろいろおいしいものが食べられるし，小さな会社で社長と仲良くしなければ生きていけないということで応じていたものの，週に2回，3回と決まった曜日に誘われるようになって，さすがに斉藤さんも困り果ててしまった。彼とのデートもできなくなって困った斉藤さんが，いろいろ理由をつけて断るようになると，「おい，お前，俺が嫌いなのか。俺はお前と楽しくやっていこうと思って善意で誘っているのに，どうしてお前はそんなに冷たいんだ」と悲しそうなそぶりをしたり，また「俺と一緒にご飯を食べるのも嫌なのか」と怒ったりするようになった。怒られるのも嫌だし，また悲しそうにされると自分が意地悪をしているような気になってつらいので，仕方なく1週間に1回くらいは付き合うようにしていたが，なぜ自分が望まないことをさせられているのか，これも仕事の一環といえるのかといろいろと思い悩む斉藤さんだった。

そんなある日，斉藤さんが仕事をしていたら，突然山田さんが「明日から，ジーンズやズボンは禁止だ。スカートをはけ」と言い出した。断ったら，また機嫌が悪くなるのが目にみえていたので，仕方なく次の日から会社へはスカートをはいて出かけるよう

にした。なぜ服装までとやかく言われるのかとまたもや腑に落ちずおかしいとは思ったが，次の日，斉藤さんがスカートをはいているのをみた山田さんがあまりにも上機嫌だったので，それくらいなら我慢してあげようと無理やり納得した斉藤さんだった。そうこうしているうちに斉藤さんが入社してから半年が過ぎた。山田さんの斉藤さんへの要求はますますエスカレートして，最近では，「仕事がうまくいったときには『ハグ』(hug, 軽い抱擁) し合うのはどうだ？」とまで言ってきた。「それは困ります」と言うと「俺は，人間同士としてお前と付き合いたいんだ。仲良くするのに，タッチは大切だろう？」とまったく悪びれる様子もない。山田さんの一見無邪気な物言いに，「セクハラ」といえるかどうかわからず，これからもこんな会社で山田さんとうまく付き合っていかないといけないのかと思うと憂うつな斉藤さんであった。

設 問

この問題を解決するにはどうすればよいだろうか。斉藤さんのとるべき行動を具体的に考えてみよう。

考 察

セクシャルハラスメントとは，簡単にいえば「相手の意思に反して不快や不安な状態に追い込む性的な言葉や行為」と定義され，一般的には，不快な職場環境に代表される「環境型」と望まない性的な行動を求められる「代償型」に分類される。この例の場合，社長からの誘いや命令を断ると怒ったり，すねたりするということで，結局斉藤さんは社長の求めに応じざるをえなかった。また，山田社長が社長という立場でなければ，斉藤さんは断ることができた，つまり，望まない行為を強制されたという点で山田社長の

行動は立派なセクハラであるといえよう。

　セクハラといってもいろいろあって，例えば，職場や教育現場において女（男）性に卑猥な言葉をかけたり，女（男）性を貶めるような言葉を使ったり，ヌードのピンナップを貼ったりなど，女（男）性が不快だと感じ，その能力の発揮を妨げられるような環境にすることも入っている。この例の場合，山田さんは斉藤さんに対し，卑猥なことを言ったということはないが，斉藤さんが山田さんと一緒に働くことによって，本来なら職場で感じる必要のないような心配をさせられたり，スカートを無理やりはかされたりして不快な思いをしたという意味においては，この環境面でのセクハラにもあてはまっているといえよう。

　問題なのは，斉藤さんが山田さんをはっきり拒絶すると山田さんが悲しそうな顔をするため，逆に悪いことをしているように感じてしまい，なかなかはっきりした態度に出られないことであろう。この例のような場合，山田さんがあまりセクハラという意識がないのか，またひょっとするとセクハラと言われないようにいろいろ工夫しているのか，のどちらかであろうが，どちらにしても，斉藤さんがはっきり口に出して不快感を表さなければ，何も解決しないであろう。とはいえ，あまりにはっきり言いすぎて相手を怒らせると，職を失うようなことにもなりかねず，難しい問題である。

　こんなとき思い出してほしいのが「I language」と「you language」の違いである（Wood, 2002）。人間関係がうまくいかなくなり，相手に対して怒りを感じたり，相手を非難したくなるとき，たいていの場合，口に出るのが，「あなたが，無神経だから」とか「お前が悪い」など，自分の視点でみた相手に対する決め付けの言葉となる。この例でいえば，「嫌だって言っているのに，聞

いてくれない社長は、セクハラです」という一言になるだろう。このように、「お前は……」とか「あなたは……」のように相手を責める言葉を「you language」というが、「you language」の問題点は、言われた側が「自分が非難されている」と自己防御の体制に入ってしまったり、「逆ギレ」して相手を逆に攻撃するなど、なかなかメッセージを素直に受け入れられないことである。そこで「I language」の登場となる。「I language」とは、自分の視点で問題点を伝える方法である。例えば、先ほどの例であれば、「あなたが、無神経だから」ではなく、「私が話しているときによくあくびをするけど、それが私には気にかかる」となる。また、斉藤さんの例でいうと「社長が誘ってくれる気持ちはありがたいけれど、私は自分の時間を大切にしたいし、仕事が終わった後の時間は自分のためにだけ使いたいと思っている。お互い楽しく働けるように、社長も私の希望を尊重していただきたい」とでもなるだろう。「I language」がすべての問題を解決してくれるとはいえないが、少なくとも、「you language」で相手を責めてしまうよりはよい結果となろう。今度誰かと言い争いになったり、文句を言いたくなったとき、ぜひ実践してみてはいかがだろうか。

[H]

課題 ロールプレイ

以下の手順に従って、斉藤さんのケースをもとに5分程度のロールプレイをしてみよう。斉藤さん役（「you language」パターンを使った最初のロールプレイ1名、「I language」パターンを使った2回目のロールプレイ1名の計2名）、山田さん役（最初のロールプレイと2回目のロールプレイの2名）の4名で1グループになって行うこと。

① 87〜88ページにある「ロールプレイ・ガイドシート」のうち，各自が自分の役割の説明文だけを読んで，ロールプレイに備えよう。
② 斉藤さん役が「you language」で山田さんに対応するパターンでロールプレイを行おう（演じている人以外は観察者になろう）。
③ ロールプレイ後，観察者も含めて全員でロールプレイについて振り返ろう。振り返りでは，会話の流れを思い出しながら，そのつどメッセージを受け取った人がそれぞれどう感じたのかについて意見を聞き，確認しよう。
④ 先ほど観察者だった人が，斉藤さんと山田さんに扮して，もう一度ロールプレイを行おう（今度は斉藤さん役は「I language」で山田さんに訴えよう）。
⑤ ロールプレイが終わったら，先ほどと同様に振り返りセッションを行い，「you language」と「I language」の違いについて整理してみよう。
⑥ ロールプレイ・ガイドシートをお互いに交換して，斉藤さん，山田さんの視点の違いが2人のコミュニケーションにどんな影響を与えていたのか振り返ってみよう。

ケース3　紗枝さんの怒り

ある地方都市にある大学の4年生である紗枝さんは，現在就職活動に奔走中で忙しい毎日を送っている。紗枝さんの現在の大きな悩みは紗枝さんが就職した後，健太君との仲がどうなってしまうのかがわからないということである。つまり，付き合ってはいるのだけれど健太君がはっきりしないので，就職先を優先して東

京に行くか，それとも健太君との仲を優先して地元に残るべきなのかさえ決めかね，途方にくれていたのだ。というのも紗枝さんの彼は1年下の3年生であり，まだ就職のことなど先のことといった風情で興味を示さず，また紗枝さんとの関係についてもまじめに考えているのかどうかさえ，まったくわからない煮え切らない態度だった。「健太君はいったい私とのことをどんなふうに考えているんだろう。はっきり聞いてみたいけど，聞いてみて嫌われたり，また押し付けがましくとられたらどうしよう……」と紗枝さんが逡巡しているうちに，とうとう夏になってしまった。

そんなある日，紗枝さんが受験していた東京の会社から内定通知が届いた。「このことを言ったら健太君はどんな反応をするのだろうか，怒るのかそれとも，喜んでくれるのか……」といろいろ考えて複雑な気持ちで臨んだ久々のデートで，紗枝さんは勇気を出して健太君に打ち明けた。ところが，健太君はその話を聞くとすぐあっさりと，「そう，よかったじゃん」と言ってその後は，何ごともなかったように昨日テレビでみた映画の話を始めてしまった。

紗枝さんは自分にとってこんなに大切なことで，そのうえ，2人にとっても大きな意味のある決断について，健太君があまりにもそっけないことに拍子抜けしてしまった。「私なんて，別にいなくてもいいんだ。だったら，もっと早く言ってくれたらいいのに！」と悲しいのを通り越して，腹が立った。そうなると，今まで我慢していたいろいろなことが思い出されて怒りが込み上げてきた。「そういえば，私がいろいろ悩みを打ち明けても，いつも生返事でちゃんと親身になって聞いてくれたことなんて一度もなかったよね。いつも，いつも，『あー』とか『ふん』とか言うだけで，つまらなそうにしてたよね。就職活動がうまくいかなくて

私が泣いてたときだって，ろくに話を聞こうともしないで，『映画行こうよ』とか言って……。それに，友達の由美ちゃんが彼に振られて泣いていたときも，由美ちゃんのことなんだからそんなに自分のことみたいにぐちゃぐちゃ言うなとか，ほっておいた方がいいとか冷たかったし，メールだって，私が送ったメッセージの5分の1くらいの分量しか送ってくれたことないじゃない！それにいつも用件ばっかりで，本当に最低！」と次々と怒りのメッセージをぶつけられた健太君は，紗枝さんの言っていることの意味さえわからず，あぜんとするだけだった。

設問

紗枝さんと健太君のすれ違いの原因はどこにあるのだろうか？

考察

紗枝さんは普段から健太君の言動にずいぶんいらいらしたり，がっかりしたりしていたようだが，これは，多分に健太君が紗枝さんの慣れ親しんでいたような会話スタイルをとらなかったことに起因しており，紗枝さんと健太君のすれ違いのもとは，男女間のコミュニケーション・スタイルの違いであるといえよう。例えば，紗枝さんは，自分が悩みを打ち明けても健太君が親身になって聞いてくれないと不満を抱えていたが，これは，健太君が紗枝さんが話しているときに「あー」とか「ふん」とかいうような紗枝さんにとっては，「紗枝さんの話がつまらない」というメッセージにしかとれないような反応しかしてくれなかったことに原因があるようだ。

例えば，女性同士の会話では，聞いている方も，「へー」「そうなんだ！」「うん，うん，わかる，わかる」「そういうこと，ある

よねー」など，盛んにあいづちを入れるのが普通である。また首を縦に何度も振って同意を示したり，面白い話なら一緒に笑い，悲しい話には悲しそうな表情になり，話し手が怒っている場合には一緒に怒るなど，まるでお互いの感情を分かち合うようなスタイルを理想とし，聞いている人と話している人はいわば「一緒に会話に参加する」ようなスタイルをとることが多いといわれている。それに対し，男性同士であれば，あいづちも女性同士よりはずっと少なく，感情の分かち合いや，お互いの反応も少ないようだ。このように両者の会話スタイルが異なるので，女性は男性が自分の話をちゃんと聞いてくれないと不満を抱き，男性は聞いているのに，聞いていないと批判され，面食らったり，防御的になったり，はたまた逆に不当な批判をされたことに怒りを感じるということなる。

　また，問題や悩みがあって，とにかく親身になって話を聞いて，共感してほしいと女性が思っているときに，男性が話を聞くというよりも，さっさとアドバイスをしてしまったり，紗枝さんの例のように，「映画に行こう」などと，まったく方向違いの行動に出るというすれ違いもよく起こるようだ。異性間コミュニケーションの研究者によると，とにかく女性は，感情の分かち合いが親密な関係においての最重要項目だと考え，男性は逆に，一緒に何かをするという行動による親密性を重要視するという傾向があるとされている。つまり，男性同士であれば，相手が落ち込んでいたら，気晴らしになるようなところに連れて行ってあげようと思い，女性同士であれば，話を聞いてあげようということになる。

　感情の分かち合いを重要視する女性的会話スタイルでは，あまり大筋に関係がないようなこと，例えば，問題が起こったときにそこに誰がいてどんな雰囲気だったとか，それまでの人間関係は

どうだったかなど，とにかく大きな流れに関連していると思われるような事柄をすべて盛り込んで細かく話そうとするといわれている。ところが，男性的会話スタイルでは，大筋が大切であり，それ以外の細かな部分は関連がないように感じられ，女性的会話スタイルで説明されると，「それで，結局誰がどうしたんだ！」と途中でいらいらすることになるようだ。

　アメリカの研究例であるが，奥さんに愛情表現をすれば2人の関係が改善するかという調査を行ったところ，あるカップルにちっとも効果が表れなかった。おかしいと思った女性研究者が男性を呼んで具体的にどんな愛情表現をしたか問い詰めたところ，一所懸命奥さんの車を洗ったという答えであったという。驚いた研究者は，彼が指示通り行動しなかったと思ったようだが，実際この男性にとっての精一杯の愛情表現は洗車という行動だったのだ。この例のように，女性はとにかく態度や言葉などわかりやすい愛情表現を求めるのに対し，男性は行動で示すというすれ違いもあるようだ。異性間のコミュニケーションがうまくいかないのは，このようにコミュニケーション・スタイルの違いからくるものも多分にあるのではないだろうか。また女性や男性と一概にいっても，男性的会話スタイルの方が心地よいと感じる女性や，女性的会話スタイルを使う男性ももちろんいるので，注意が必要だ。相手がどのようなスタイルをとっており，どんなスタイルを相手に求めているのか敏感に感じ取れる感受性も必要となろう。　　［H］

課題 ディスカッション——性が入れ替わったら？

　ある朝起きたら，あなたの性が変わっていた。さて，あなたの生活はどのように変化するだろうか。今までと違って，どんなことができ，どんなことができないのだろうか。また，将来の夢や

＜コラム　ジェンダーギャップはなぜ起きる？＞

　なぜジェンダーによってさまざまな差異が生まれるのだろうか。この問いに対しては，さまざまなアプローチから研究されているが，大きく分ければ，男女の生物学的な差異やホルモンの活動などに注目する生物学的な観点からの研究と，家族の人間関係やまわりの人間の影響が大きいと考える社会学的，心理学的見地からの研究に分けられる。ここでは，家族や友人との関わりに焦点をあてて，ジェンダーがいかに形作られているのかみてみたい。

　まず，多くの場合，親には男の子はこういうものだ，女の子はこうするべきだといったジェンダーロールが身に付いてしまっている。したがって，知らず知らずのうちに，自分の子どもをジェンダーロールに合致したようにしつけようとする。例えば，男の赤ちゃんであれば，生まれたときから，ブルーの衣服を着せ，男の子用のおもちゃを与え，女の赤ちゃんよりも少し手荒に扱っても大丈夫だと思ったりする。また少し大きくなると，男の子らしくない振る舞いをすると「男の子なのに」と叱ったり，「男の子なんだから……しなさい」と男の子らしい行動を強制する。ある研究結果によると，親は男の子には積極性を求める一方，女の子には社交性や対人関係維持の能力を求めるなど，とにかく親が求める性質は男女によって異なっていることが明らかになっている。

　このように異なった期待を受けて育てられた子どもたちは，「遊び」においても異なった「学習」を進めることになる。例えば，男の子は大きなグループで，野球やサッカーなどルールや目的が決まった遊びをすることが多いといわれている。一方，女の子が好んで行うのはより少人数で行う「ままごと」のようなごっこ遊びだろう。野球やサッカーであれば，あまり細々とした話し合いの必要はなく，そこでは他人との親和というより，競争が主となる。ところが，「ままごと」などのごっこ遊びにおいては，誰が何をするのかといったルールについての話し合いから始めなければならず，またその後も，「会話を楽しむ」ことが遊びの主

となる。つまり，男性的な遊びにおいては，会話は軽視され，他者との競争が主となり，逆に女性的な遊びにおいては会話こそが遊びの主要素となり，そこでは他者との人間関係の構築方法に対する学びが進められることになる（Wood, 2001）。

　その後も，小学校，中学校と学年が進むにつれ，漫画，雑誌，テレビ番組など男女は多くの場合において異なったメディアに触れ，成長していく。つまり，幼児期から知らず知らずのうちに身に付けたさまざまなジェンダーロールはますます深く浸透していくことになり，その結果，関心ごとばかりでなく，話し方のスタイルや，コミュニケーションの目的などさまざまな差異が生じることになる。とはいえ，本来ならば，女性でも男性らしい性質をたくさんもっていたり，男性で女性らしいといわれている性質をもっている人も多いはずであり，性による「らしさ」というものは，文化によって形作られた呪縛のようなものだともいえよう。もっと自由に「自分らしく」生きるという選択肢の存在に気づく人が増えれば，男性，女性の枠に縛られたり，またその枠に収まらない人に対して否定的な感情を抱く人も減り，本当の意味でのジェンダーフリーな社会になる日も来るかもしれない。　　［H］

希望も含めて，あなたが経験するだろう変化についてできるだけ具体的に考え，話し合おう。最後に，自分が「男らしい」「女らしい」という枠組みにどのように影響されているのか，そのなかで問題を感じるところはあるのか，などについて振り返って話し合ってみよう。

ケース4　同性愛者ってどんな人？
　　　　　　——美恵子さんの語りから

　山田美恵子さんは現在30歳の会社員である。高校に入った頃

から漠然と気になったり好きになったりするのはいつも決まって女の子ばかりであるということに気づいていたが，女である自分が女の子を好きになるのは間違っていることだという意識が強くあったため，「きっと『友達』として好きなだけだ」と一所懸命自分に言い聞かせていた。その頃，とにかく自分が「普通」であると思いたくて，男の子と付き合ったりもしてみたが，まったく相手のことが好きになれず，いつも，すぐに別れてしまった。その後，大学生になって，本当に好きな女性もでき，自分がレズビアンだと自覚するようにはなったが，まだ，「いつか男の人と恋愛をして，結婚して，子どもを産むんだ，そしてそれが正しい生き方だ」と信じていたし，自分はいつでも「普通に戻れる」と考えることによって，バランスをとっていた。

大学を卒業した頃から，同性愛者のネットワークがあることを知り，徐々にではあるが，同じような体験をしている人たちと話をするようになった。なかには，堂々とまわりの人に自分が同性愛者であると言っている人たちもいて，いろいろと刺激を受けた。話を聞いているうちに，自分が「普通じゃない」とこだわっていることは，同性愛が悪いことだという世間の思い込みを受け入れているということに気づくことができたので，その後，徐々に本当に親しい女性の友達に対しては，自分が同性愛者だという「カミングアウト」ができるようになった。

ところが，「カミングアウト」をされた友人のほとんどは肯定的に受け止めてくれたものの，なかには「私のことをそういう目でみないでね」という人がいたのには，驚かされた。また，「レズビアン」だということが広まると，そんなに親しくない人からいきなりセックスについての踏み込んだ質問をされたり，びっくりするような卑猥な冗談を言ってくるような男性もいて，嫌な思

いをすることも多々あった。つまり、「レズビアン」というと「性」の部分だけに焦点をあてて、自分たちを「いやらしい」目でみる男性たちも多いということを知ってうんざりしたという。美恵子さんのように、普通の一個人として働いて、平凡な毎日を送っている人がほとんどなのに、みんなが「同性愛者」というと、テレビに出ている「オネエ言葉」を使ったり、女装している男性芸能人ばかりをイメージしていることにも悲しくなった。

　親は、絶対悲しむと思うので、たぶん一生自分が同性愛者であることは言わないつもりでいる。友達の中には、親にカミングアウトしたら、「私がこんなふうに産んだから、私が悪いのね。どうしたら治るの？」と泣かれたり、無理やり見合いをさせられたりしたという話も聞くので、とにかく、今は怪しまれないよう、仕事が忙しいと言って取り繕っている。自分が同性愛者であるとはっきり認めるようになってから、だいぶ気持ちが楽になったものの、まだ、「100％肯定しているか」と言われれば、少し自信がないところも残ってはいる。でも、とにかく、これからも結婚せずに自分の力で生きていこうという覚悟ができたところである。

　今後、望むことといえば、小学校や中学校などで同性愛者がどのような人なのか正しい知識を教えるようになることだ。例えば、世の中には、「男性」と「女性」しかおらず、そして、「男性」と「女性」が愛し合うのが「普通」で、それ以外は「異常」だとするような捉え方をするような教育をやめる。そうでなければ、自分のように、同性愛者だと気づいて、「自分は人と違って、おかしい、異常だ」と感じ、悩む生徒が後を絶たないことになるからだ。

設問

同性愛者と異性愛者のコミュニケーションの阻害要因にはどんなものがあるだろうか。

考察

美恵子さんの語りからもわかるように、最も大きな問題は、異性愛者の人たちが同性愛者に対してもつステレオタイプと偏見の存在であろう。異性にだけ興味をもっている人が多数派になっている世の中においては、少数派の同性愛者は「異常」とみなされ、多数派がもつステレオタイプや偏見にさらされて生きていくことを余儀なくされている。車椅子に乗っている人が本質的には何も変わらないのと同じように、同性愛者は恋愛対象がただ同性であるという点が異なるだけであるはずなのに、多数派は勝手にいろいろな思い込みで同性愛者をみているようだ。

例えば、筆者の担当するゼミの中で、毎年最初に行うあるエクササイズがある。それは、宗教、教育経験、年齢、人種などさまざまな背景をもった人の中から小学校の臨時教員としてふさわしい人を選ぶというものであるが、そのなかの1人に「レズビアン」と記された人物が含まれている。ところが、その女性についてのコメントを聞いていると、必ず何人かは「女の子が被害にあったら困るからふさわしくない」とか「自分に被害が及ばなかったらよいけど……」などと言う。それこそが、大変な偏見であるが、言っている本人はその問題にまったく気づかないようである。そんなとき、女子学生には、まったく自分の好みのタイプではない「ただのクラスメイトの男性」から、突然「君は、男性が好きなようだけど、僕を恋人の対象としてはみないでね」と言われたらどんな気がするか、または、異性のクラスメイトから「好き

だ」と告白されたとき，どんなに嫌いなタイプだったとしても，それを「被害」というのか，など，発想を転換してみるように勧めている。このように指摘をされなければ，異性愛者だからといって，異性なら誰でも恋愛の対象になるわけではないのと同じように，同性愛者も相手を選ぶという当然のことさえも思い浮かばないほど，知らず知らずのうちに同性愛者についての偏見をもってしまっている人が多いのではないだろうか。

また，同性愛者といえば即，性同一性障害と同じと考えてしまい，男性で男性らしい，または女性で女性らしい外見の人が同性愛者だというと「普通の人でびっくりした」などということもよくあるようだ。このコメントも裏を返せば，同性愛者は「普通」とは異なった外見の人たちであるという偏見をもっていることの表れということになる。これらの例のように，多数派である異性愛者は，同性愛者に対してさまざまな偏見，ステレオタイプをもってしまっているにもかかわらず，そのことを意識さえしないほど無頓着である場合も多い。同性愛者が堂々と胸を張って暮らせるようになるまでにはまだまだ時間がかかりそうである。　［H］

課　題　ディスカッション──タイムワープで同性愛の国へ

次のような架空の話の主人公になった場合，あなたはどんな行動をとるだろうか，想像して話し合ってみよう。

◇

ある朝目覚めたら，1000年先の日本であった。ところが，そこは，同性愛者によって支配された国となっていた。大昔，異性愛があたり前だったときには，あまりにいろいろ問題があったということで，今では異性愛は法律で禁止されてしまったという。子どもはどうするのかと不思議に思っていたところ，子どもはす

べて人工授精で作られているから問題はないと説明された。そんな国で暮らすことになってしまったある日，あなたは，隣の地区に住むある異性をみかけ，一目ぼれしてしまった。

ところが，「あの異性が好きになった」と言ったあなたに，「異性が好きだなんて，気持ちが悪い。頭がおかしいんじゃないのか」「ここでは，同性同士で愛し合うと決まっているのだから，そんなことを言ったら，大変なことになる。就職できなくなるし，友達も去っていくよ」とみんな冷たい。「そんなばかなことがあるか，好きなものは好きなのだ」と意を決したあなたは，ある日，その異性のところに出かけて行き，自分の気持ちを告白した。運よく，その相手も実は異性愛者であり，あなたのことが好きだったということで，2人はめでたく付き合うことになり，2年の月日が流れた。愛を確かめ合ったあなたたちは，2人で一緒に生きていきたいと切に願っているのだが，周囲の偏見が激しく，一緒に住むことすら許されない状態だ。これから，あなたたちはどうすればよいのだろうか。

留 意 点

小さなカルチャーショック——地域差にみる異文化コミュニケーション

日本は島国でアメリカや中国と比べるとはるかに小さな国で，またほとんどの人が日本語を話し，新聞の内容もさして大差なく，テレビ番組もだいたい同じものをみているので，どこへ行っても人々の思考方法や行動ぶりも同じと考える向きがあるかもしれない。しかしながら，文化人類学者の祖父江孝男（1971）が県民性の研究をしたように，北海道から沖縄まで地理，気候，風土などに相当な違いがあり，それぞれ独自の風俗習慣が長い歴史に裏打

ちされて存在している。したがって、日本人はこうであると一概に決めつけることができないことは一度でも地域を越えた引っ越しや移動を経験した人ならわかるであろう。

例えば筆者の例でいうと、北海道に暮らすようになってそれまで「日本の習慣」だと思っていたものがそうではなかったということがずいぶんあった。お香典を出したらその半分くらいの価値のものが返ってくるものだと思っていたら、そんな習慣はないと言われびっくりしたが、そのうえそのお香典に領収書を出すのが普通だと聞いたときはもっと驚いた。また、授業中など人前で「鼻をかむ」のははしたないと思っていたら、ここでは「すする」方が恥ずかしいと言われたり、はては茶碗蒸しには銀杏ではなく甘栗が入っていて「甘い！」など、今までの常識が覆されるような驚きの連続であった。このように、場所が異なれば習慣も異なり、国内でも移動をすればちょっとした異文化体験ができる。

異文化体験といえば、難しいのはやはり、新しい場所での人間関係のあり方が異なる場合だろう。都市部ではみんなが時間に追い立てられたように忙しく動きまわり、人間関係はたいていドライで、近隣の人々との関係もきわめて希薄なことが多いだろう。それに比べて、農漁村では、地域に住む人々がお互いに顔見知りであり、それだけに集団意識はより濃厚だ。また、同じ都市部でも大阪、京都などの関西圏や名古屋、福岡など、それぞれ言葉づかいや対人関係のあり方なども微妙に異なるし、同じ近畿圏でもさまざまで、神戸出身の筆者でさえ、京都出身の女性教授のコミュニケーション・スタイルにはいつも悩まされた。例えば、ある日校内を歩いていると、「先生はよく声が通るからいいですね。学生も眠たくならないでしょう」と声を掛けられた。何のことかとよくよく考えてみると、「マイクを通した声がうるさい」とい

う意味のように思われた。思わず「すみません。うるさいですか」と言うと,「いいえ,いいんですよー」という返事が返ってきたので,筆者の類推が正しかったことが判明した。このようにいつも,相手の言っていることの真意は何なのかと問い続けることになり,「日本人は建前ばかり言って,信じられない」と憤る外国人の気持ちがわかるような気がしたものだ。つまり,国内の中にもさまざまな異文化が存在しており,ちょっとした異文化体験ができる。異文化なんて自分にはあまり関係がないと思う人は,自分のまわりにいる他地域出身者に「国内カルチャーショック体験」について聞いてみてはいかがだろうか。　　　　　　　　　　[H]

結婚＝異文化コミュニケーション？

　異文化の「文化」は何も国や民族,宗教の違いだけを意味しない。ある集団において,一定の考え方や物事のやり方が受け継がれ,伝えられるという定義を用いれば,「家族」も１つの文化といえるという考え方もある。例えば,小さい頃,お隣の家に遊びに行ってご飯をごちそうになったら,みんなが当然のようにトマトや納豆に砂糖をかけていたとか,てんぷらにはソースをかけると思っていたのにしょう油をかけていたなど,家ごとのやり方の違いに遭遇し,驚いたといった経験をしたことはないだろうか。また,このようなちょっとした食習慣だけではなく,例えば,もめごとが起きたらどのように解決するのかとか,父親がどの程度威厳があるのか,さまざまな事柄の決定権をもっているのは誰か,そして,家族間ではどの程度の情報開示が行われるのかなど,家族にはさまざまな「暗黙の了解事項」が存在する。そして多くの場合,自分が育った家庭において学んだやり方があたり前のこととして認識されることになる。

そんなふうに異なった家庭という「文化」に育った個人，すなわち，別の文化をもった個人が一緒に暮らすようになる結婚においては，文化と文化のぶつかり合いが必至であり，まさに異文化コミュニケーションの場となるといえる。では，結婚という「異文化コミュニケーション」において，もめごとが起きたらどうしたらよいのだろうか。異文化結婚の研究者たちによって明らかにされているのが，お互いが自文化のやり方に固執せず新しいやり方や解決策を模索するといった方法をとっているカップルが最もお互いに対して満足度が高いということだ（Martin & Nakayama, 2000）。この例にならうとすれば，異文化同士の新しい人間関係の構築においては，お互いの「慣れ親しんだパターン」を一度保留にして，お互いが満足できる新しい方法がないかを探ってみることとなろう。パートナーが異文化の人だという認識に立って相手の行動をみてみよう。お互い異なるという土台に立てば，言葉で明確に伝えなければ，自分の気持ちがわかってもらえなくて当然であり，逆にわかってもらえれば，幸運だということになり，相手の言うことに腹が立たなくなるかもしれない。　　　　［H］

［ロールプレイ・ガイドシート］（72ページの課題を参照）

― 山田社長 ―――――――

あなたは小さな輸入商社の社長で，50歳になったばかりです。取引先は主としてカナダやアメリカということで，英語ができる有能な社員である斉藤さんのことをとても頼りにしています。斉藤さんは大学を出たばかりの若い女性で，また性格も明るくあなたからみてもとても魅力的なので，斉藤さんと話をしていると自分も若返ったような気分になり，ついつい調子に乗って「ご飯を食べに行こう」と誘ったり，いろいろちょっかいをかけてしまい

ます。斉藤さんも誘われるとけっこう楽しそうにしていたので，てっきり喜んでいると思っていたのに，最近どうも，斉藤さんの態度がよそよそしく冷たいのです。誘っても2～3回に1回しか応じてくれないし，一緒にご飯を食べていてもほとんど向こうからは話しかけてくれません。アルバイトで働いてもらっていた三田さんが妊娠を機に辞めてしまったので，今は会社で2人きりのことが多いので，この状況を何とかしたいとあせっているのですが，盛り上げようとあなたがジョークを言っても以前なら笑ってくれていた斉藤さんからはますます冷たい反応が返ってくるばかりです。そんなある日，斉藤さんが「話がある」といってきました。斉藤さんの話とは何でしょうか。

斉藤由美さん

あなたは，23歳の，アメリカの大学を出たとても有能な女性です。山田トレーディングカンパニーはあなたが初めて勤めた会社です。あなたが住んでいる地方都市では英語が使える仕事はあまりないので，英語が使え，また給料もよく，残業もないこの会社はとても理想的なものに思えました。ところが，仕事面ではまったく問題がないのですが，社長の山田さんが「セクハラ」だったという大問題があったのです。このセクハラぶりはアルバイトで働いていた同僚の三田さんが妊娠を機に辞めてしまってからは，ますますひどくなるばかりです。何とかこの状況を改善する方法はないかといろいろ考えてはみたものの結論が出ず，友達に相談してみたところ，みんな「辞めたら」と簡単に言うのですが，やっとみつけた理想の職場を放棄したくはありません。あなたは，いろいろ考えた結果，直接山田社長と話し合ってみようと決めました。あなたの目的は，山田社長に「セクハラ」をやめさせて，快適な職場環境を手に入れることです。山田社長を怒らせずに，「セクハラ」をやめさせるには，どうすればよいでしょうか？

第 II 部

海外で起きる摩擦

　海外に出かける日本人の数は過去半世紀の間，一時的な例外を除いてずっと増え続けている。法務省入国管理局によれば，1970年代初頭に約120万人であったのに対し，2006年には年間約1753万人（http://www.moj.go.jp/PRESS/070518-1.pdf）となっており，35年間で実に約14倍となった。海に囲まれた日本に住む人々にとっては「海外に出かける」というのは文字通り海を越えて旅することを意味し，誰にとってもそれなりの心構えが必要である。そして現実に異郷の地に降り立つと，当然のことながら，風土や環境も異なり，人々の立ち居振る舞いだけでなく，表情も，しぐさもどこか違っているようにみえる。言葉もさっぱりわからないことが多い。もちろん，これまで日本にいたときと同じように物事が円滑に進む保証はまったくない。そこでは，自分自身が異文化コミュニケーションに関わる主人公になるのである。第II部では日本人が外国に出かけて，現地で遭遇するさまざまな誤解やすれ違いを取り上げる。まず，中・長期的なものとして海外留学と海外赴任を取り上げ，最後に短期の海外旅行について紹介する。

フライトスケジュール
(オランダ・スキポール空港)

ショッピングセンターでの風景
(ハワイ・ホノルル)

第4章

海外留学

留学先での異文化不適応

　海外留学に出かける日本人の数はここ数年，毎年7～8万人で推移している。その約6割がアメリカで，そのほかでは中国，イギリス，オーストラリア，ドイツ，フランス，カナダなどが多く，近年は韓国やニュージーランド，それに東南アジア各国にも出かけるようになっている。留学といえば一握りのエリートか経済的に大変恵まれた家の子弟がするものといった一昔前のイメージとは違い，今や誰でも行きたいと思えば行けるといえるほど大衆化しているといえよう。ただし，ハードルが低くなってしまった現在では，たいして準備もせずに気楽に出かけてしまい，大変な目にあったり，大学を卒業しようと思って留学したのに，あまりにも英語力が不足しているためいつまでも大学付属の英語プログラムから脱出できないなどさまざまな問題を抱え込む人が多いのも事実である。また，大学での勉強に問題がなくても，なかなか現地の生活になじめず，不適応に陥るといったこともけっして珍しくはない。

　留学生活に切っても切れないのは，この不適応，つまりカルチャーショックの問題ではないだろうか。例えば，多くの者がこれまで抱いていた自己像や自己概念が揺るがされるような扱いを受

けて戸惑うという経験をする。どこの国に行ってもその国で使われている言語をアクセントのない，母語話者並みに話せない場合は，どうしても相手からそれ相応の扱いを受けることになるからだ。例えば，一言何か言っただけで相手が怪訝な顔をするとか，逆に子どもに話すように急にゆっくり話してくるなどがその例だ。出かけた先でいつもこんな態度をされたら，まるで自分が小さな子どもに戻ってしまったかのような気さえしてくる。また，現地のシステムに慣れてくるにつけ，日本と違うこと，日本より劣っていると思える点など現地の悪い点が目に付いていらいらする。「日本ならこんなことにはならないのに」とちょっとした問題で腹が立つというのもよくあることだ。こんなささいな問題も積み重なってくると，いわゆるカルチャーショックに陥ることになる。

　カルチャーショックといっても，現地の文句を言っているうちに解消するといった軽いものから，精神的なショックが講じて不眠症に陥ったり，重篤な精神症状が起きるといった重いものまでさまざまあるが，大切なことは，異文化の地に赴き，そこで一定期間過ごすような経験をすれば誰にでも起こりうることであると知っておくことである。また，カルチャーショックは一般的には否定的な意味づけをされることの方が多いようだが，むしろ，文化学習の経験であり，自己に対する理解を深め，自己成長をもたらすような望ましい経験であるというのが，適応問題の研究者たちの主流の考え方となっている。つまり，カルチャーショックの克服には，現地の文化への理解の深まりや，今までもてなかったような複眼的な視点の獲得が必要であり，その克服の過程を通して個人は成長できるということになる。留学生活を経験して成長したということはよく聞くが，これはまさしくカルチャーショックを乗り越えるという経験やそのことから得た自信の存在が大き

いのではないだろうか。

ケース1 | クラスメイトの冷たい視線

　これは、アメリカのペンシルバニア州の州立大学に交換留学生としてやってきた大学3年生の池田聖子さんの話である。最初の学期は外国人学生のための英語の科目もとっていたものの、2学期目の今学期はそれもなくなり、やっと専門科目ばかりとれるようになった。ところが、気楽にとったスピーチ・コミュニケーションのクラスで、彼女は大変な目にあうことになってしまった。先生のレクチャーは何とか理解できるものの、アメリカ人学生のテンポの速いディスカッションが始まると話の流れをつかむのがやっとで、とても自分の意見を言えるような状態ではなかったのだ。とにかく黙って座ってまわりで起きていることを把握するだけで精一杯のつらい授業もようやく終わりに近づいたある日、学生主導によるディベート大会が行われることになった。いつものように白熱した話し合いの結果、ディベートの命題は「ゲイカップルの結婚は認められるべきである」に決まった。

　30人のクラスが出席簿の順番で機械的に肯定派と否定派に二分され、それぞれの立場から相手を論破する方式で論争することになった。肯定派グループになった池田さんは、名誉挽回のよい機会と考え、自分なりの論理を必死に頭の中で組み立てて、メモもしっかり作ってことに挑んだ。ところが、いざ、ディベートが始まると自分があらかじめ用意してきたようなことは全部アメリカ人学生がさっさと言ってしまう。同じことを言っても仕方がないと思った彼女は、結局一言も話さないまま終了時間を迎えてしまった。ディベート自体は、彼女が所属する肯定派グループの勝

利で終了してことなきをえたのだが，2日後，いつものようにスピーチのクラスに行く途中で数人のクラスメイトに出会ったところ，彼らの態度はいつもより何となくよそよそしい。笑顔で答えたものの，何となく釈然としないまま，とにかく教室に入った。授業が始まってみると，やっとの思いで発言しても，いつもと違ってなぜかクラスメイトの表情には見下したような侮蔑の匂いがぷんぷんと漂っている。クラスメイトの豹変の理由もわからず，狐につままれたような気分の池田さんだった。(参考：直塚，1980)

設問

アメリカ人のクラスメイトはなぜ池田さんに冷たい態度をとったのだろうか。

考察

アメリカの大学のクラスでは，教員の講義に対して，途中で学生が反論したり，自説を展開したり，教員が困るほどの質問を投げかけたりすると，そのような発言をする学生はなかなか骨があり，優秀な人物だと思われるようだ。反対に，自分の意見を声に出して言わないのは，何の意見もない，もしくは，参加拒否とさ

えもとられてしまうことがある。つまり、アメリカの教室文化では、立派であろうがなかろうが、とにかく学生は何らかの意見を言って自分がしっかり参加していることをアピールする必要があると考えられている。したがって、せっかく参加したにもかかわらず一言も意見を言わなかった池田さんの態度は、ディベート大会への参加放棄、つまり日本でいえば授業の途中で教室から勝手に出て行ってしまったくらいの態度ととられたのかもしれない。このケースのような場合では、たとえ同じような意見が先に出されても、あえて「先ほど○○さんも言っていましたが」と断りつつも、自説を繰り返し、自分なりの味つけをすることが求められる。

　ほとんどの日本人学生は、留学した当初は、クラスで質問をすることや、意見を言うといったことに慣れず、さんざん苦労する。筆者が留学していたとき、どのクラスに出ても、教授が10分から15分話した後、学生は自由に手を挙げて、教授に質問をし、ときには疑問や不賛成の見解をぶつけていた。例えば、あるアメリカ人学生は、「Professor, I have a basic disagreement with you.」（先生、私はあなたが言ったことに根本的に反対です）と切り出して、自分の意見をとうとうと述べていた。そう言われると教授も内心穏やかではない。身を乗り出して、その学生の意見に頷きながらも、その後すぐに自論の正当性をさらに強く展開していた。翻って、日本の中等、高等教育では、生徒や学生はとにかく静かに黙って先生の言うことを受動的に聞いていることがよい行動であるとされる。また、1人だけ意見を言うなど目立った行動をすることは問題行動となる。このような学習環境に慣れた日本人学生が自分の意見を主張せざるをえないというまったく異なった環境に身をおき、その新しいパターンに合わせる、それも自分

にとって外国語でそれをしなくてはいけないというのは至難の技ともいえるかもしれない。しかし教室において評価されるのは，英語の流暢さではなく，出された教材やテーマをどう把握して，どのような意見をもっているか，ということであるため，少しくらい英語が下手でも，沈黙するよりは意見を表明する方がはるかに高く評価されることを覚えておきたいものだ。

課題　インタビュー＆グループ・プレゼンテーション

留学経験のある人にインタビューをしてみよう。各自できるだけ多くの人に質問し，その結果をグループごとに持ち寄ろう。滞在国や滞在期間の違いなどによって現地での適応に共通のパターンがあるかどうか分析し，発表しよう。

質問例

① どこに，どのくらい行っていたのか。
② 留学生活で困ったことはどんなことか。
③ 留学生活で失敗したことはどんなことか。
④ 留学生活で驚いたことはどんなことか。
⑤ 留学経験で得たことは何か。

ケース2　寸劇に大抗議デモ

中国・西安市にある西北大学に留学していた日本人留学生の話である。彼ら3人は日本から来ていた教師とともに，10月29日に開催される大学の文化祭に日本人グループとして何か出し物をすることになっていたのだが，何をするべきかなかなか決められず，困っていた。日本の大学の文化祭で行われるような軽い乗りの，楽しくて会場のみんなが笑えるものにしたいということだけ

> <コラム　サポート・ネットワーク>

　サポート・ネットワークというのは，留学している学校のある町や地域で留学生に対して必要に応じて物的，精神的な支援をしてくれる人々の協力体制のことである。例えば，現地の飛行場に着いたとき，誰かが車で迎えに来る，手配済みの学生寮に案内してくれる，その後も生活に慣れるまで，何かと世話をしてくれるというようなことがあれば，それは現地でのサポート・ネットワークがうまく機能していることになる。しかし，実際にはそのようなことは少なく，1人で現地での生活をゼロからスタートさせなければならないことが一般的だ。

　現在は海外のほとんどの地に日本人が住んでおり，一定以上の人数が集中しているところには日本人会もあり，日本食が購入できるところも多くなっている。また，現地で留学生に対して，ホームステイの提供，交流会，フリーマーケットの開催など，いろいろと支援をしてくれるボランティア団体もあるだろう。大学であれば，留学生センターのような機関があり，カウンセラーが常駐しているのが普通だ。学生生活，人間関係などの心の問題から，ビザや滞在資格などの社会的問題まで自分1人で解決できない問題が起きたら，躊躇しないでぜひ利用してみることである。

は意見がまとまったのだが，どんなことをすればみんなに喜んでもらえるのかさっぱりわからず途方に暮れるばかりだった。すったもんだの挙句，直前になってようやく出し物が決まり，文化祭の当日を迎えた。

　彼らが決めた出し物とは，日本のテレビに出てくるお笑い芸人をまねたような楽しい寸劇だった。大学の会場は中国人の学生で満員で，自分たちの精一杯の「芸」を楽しんでもらえるかどうか不安だったが，とにかくここまできたらやるしかないと自分たちを奮い立たせて，舞台へと上がった。3人とも，胸には赤いブラジャー，下腹部には紙コップを付けたかなり恥ずかしいいでたち

であったが，笑ってもらおうと必死で我慢した。そのままの格好で練習通り踊ってみせ，次にブラジャーの中から取り出した紙くずを観客席に向かってまいた。その後「オチ」として音楽に合わせて声を上げながら一斉に後ろを向いて背中に書いた「日本」「ハートマーク」「中国」の文字を会場に向かってみせた。日本と中国が仲良くなれば，というメッセージのつもりだったのだが，そのメッセージをみるやいなや，その場にいた中国人の教員や学生が怒り出してしまった。彼らは，なぜみんなが急に怒り出したかわからず，呆然としてただ立ちすくんでしまった。

　翌朝，寸劇に怒った中国人学生が，謝罪を求める文書を学内に張り出した。その日の昼には1000人以上の学生が7階建ての留学生寮の前に集まって，謝罪を要求した。そのうち興奮した40〜50人は寮内にまで突入し，部屋をまわって，日本人とわかると，殴る蹴るなどの暴力を振るい，その結果日本人留学生の男女2人が軽傷を負った。その後夕方6時半過ぎには，数百人の学生が同市中心部の新城広場まで抗議のデモ行進を行うなど，ことはますます大きくなっていった。危険を察知した中国当局は日本人を含む留学生を次々と市内のホテルに移して事態の沈静化を図ったが，31日午後11時を過ぎても数百人の学生らが残り，ついには大学前の道路を封鎖するに至った。11月1日にも1000人以上が，大学や陝西省政府前でデモ行進し，「政府はなぜ日本人を助けるのか」「中国の警察はだらしない」などと警察にも怒りの矛先を向けるなど，騒動が収まる気配はなかった。

（参考：『朝日新聞』2003年10月31日〜11月2日）

設問

中国人学生たちの怒りはなぜこれほど強かったのだろうか。

考　察

　日本人留学生としては，日本の大学の学園祭の出し物と同じように，ごく気軽な気持ちで自分たちの出し物を決め，それを面白おかしく演出することによって観客の笑いをとろうとしたのであり，中国人を侮蔑するような意図はなかったと思われる。しかし，その文化祭での他の演目が伝統舞踊など格調高かったこともあって，場違いな彼らの悪ふざけがひどく下品なものに映ってしまったようだ。また，中国人の学生にとっては，大学という高尚な場で下品なものをみせる彼らの行動は，自分たちに対する侮辱であると捉えられたのではないだろうか。

　日本人留学生たちは，西安市内の大学および西安交通大学のホームページに「本意は，見ている人を笑わせようとしたものであって，貴国を軽蔑し，侮辱する意思は決してありませんでした。しかし，私たちの行為は中国の思想，民族性，文化，風俗習慣への理解を欠いていました。深く反省し，おわびします」と謝罪文を掲載している。しかし，同大学は規律，規則に違反したとして，文化祭に出た3人の留学生を除籍し，日本人教員を解職処分にした。中国政府が，政治改革の要求や民主化運動につながりかねないこのような抗議デモを力で押さえ込もうとしたことも問題を大きくした原因の1つであろうが，やはり一番大きな問題は，相手の文化をよく理解せず，日本的行動や解釈が受け入れられるはずだと思い込んで，気軽に出し物を選んでしまった彼らの軽率な行動であるといえよう。異文化にあっては，このように，ほんのささいな行動が相手の怒りを買ったり，大きな誤解を生むという深刻な問題に発展することもある。どんな場所にあっても，相手の目に自分の行動がどのように映っているか，または映る可能性があるのかをよく考えてから行動に移すことが必要となる。

課題 リサーチ＆ディスカッション

中国や韓国などのアジアの諸国で，日本に対して根強い反感や不信感があることはよく知られている。反日感情の問題について，グループごとに対象国を選んで以下の点について調査してみよう。その後で，どのようにすれば，今後その国に住む人々との関係が改善できるかを話し合ってみよう。

調査のポイント

① 反日感情の原因となっている歴史的事実。
② 当該国でそのことがどのように教育され，報道されているか。
③ 大学生など若い世代の対日感情。

ケース3 アカデミック・アドバイザーとの面会

香山潤一さんは，アメリカ東海岸の私立の大学院に留学生としてやってきた。初めての留学で英語にもあまり自信がない香山さんにとっては，新入生オリエンテーションで渡された表に従って行動するだけで一苦労であった。無事に学費も払い終え，ほっと一安心したのもつかの間，今日はアカデミック・アドバイザー(指導教授)との面会という一大事が控えていた。どんな人が自分のアドバイザーなのか，やさしそうな人なのか，怖かったらどうしようといろいろ考えているうちに，気づいたら予定の出発時刻を過ぎていた。大慌てで支度をし，もらった書類一式を持ち，地図を片手にアドバイザーのオフィスがある建物を目指して出発した香山さんだったが，目指したはずのアグネスホールがみあたらない。勇気を振り絞り，近くを歩いている人に聞いてみたが早すぎてよく聞き取れなかった。人に聞くのをあきらめた香山さん

> **＜コラム　不安・不確実性減少理論＞**
>
> 　人と人との関係の最初はすべて「未知との遭遇」である。見知らぬ相手と初めて接したとき、何の手がかりもなく、どのように接すればよいかがわからないほど、不安（anxiety）や不確実性（uncertainty）は増大する。反対に、お互いの間でやりとりする言葉の量が多く、ジェスチャーや顔の表情が温かく感じられ、曖昧性に対して許容量が高く、類似性が高ければ高いほど、それらは減少するというのが不安・不確実性減少理論である。この理論によれば、知らない者同士が会ったとき、両者の関心はお互いの交流においてどのようにして相手についての不安や不確実性を減少させるかにあり、このような調整作業がうまくいかなければ効果的なコミュニケーションは行われないということである。
>
> 　不確実性という言葉はバーガー（Berger, C. R.）が初めて用いて、それを対人コミュニケーションにおける理論として構築したが、グディカンスト（1993）はそこに不安（anxiety）という要素を付け加え、異文化コミュニケーションを視野に入れてその理論を発展させた。彼は初対面の相手をストレンジャー（異人）と呼び、コミュニケーションにおける不安や不確実性の減少には、ストレンジャーに対する不安を調整し、相手の行動に対してより正確な読みができるようになることが大切であり、とりわけ、そのなかではマインドフルネス（思慮深さ）が大きく関わってくるとしている。留学を含む海外での対人接触は異文化コミュニケーションそのものであり、また使用する言語も自由ではない状況なので大変だが、不安や不確実性をできるだけ取り除き、意義ある関係を結べるようになりたいものである。

は、もう一度もとの道まで戻ってみることにした。どうやら最初に曲がる道を間違えただけだったようで、今度は 10 分ほど歩くと地図通り、アグネスホールと書いた建物が目の前に現れた。汗を拭きながらアドバイザーのベンダー教授の部屋をノックしたの

は，約束の時間から20分も過ぎた頃だった。怒っていないかとひやひやしたが，とにかくノックをしてみたところ，「Come in.」と男性の声がしたので，部屋に入った。

目の前に現れたのは，無愛想な感じの50歳くらいの男性教授であった。遅れてすみませんと言おうとしたが，言葉が出てこない。仕方なく，小さな声で「Sorry.」とだけ言ってみたが，教授は聞こえたのか聞こえなかったのか，それには何も答えず，自分の前に用意された椅子にかけるようにというしぐさをした。椅子にかけてどんなアドバイスをしてもらえるのかと待ってみたが，教授は何も言わない。黙って待っていると，教授はいきなり，「What do you want to do with your program？」と聞いてきた。「もちろん，大学院を修了することに決まってるじゃないか，ずいぶん変な質問だな」と思ったが，そんな失礼なことも言えずに困っていると，今度は，「requirements に関する書類を読んだか」といったようなことを聞いてきた。教授の英語があまりに早くて，どの書類のことを言っているのかよくわからなかったが，とりあえず，いろんな書類は一応一通りみたので「Yes」と答えてみた。

ところが，その後なぜか，気まずい長い沈黙が続いた。困っていると，今度は教授が「election worksheet がなんとか」というようなことを言いながら，自分の前に手を出している。出された手は握り返すべきなのか，それとも worksheet とやらを自分が渡すべきなのか，さっぱりわからなかったので，香山さんは困ったような顔をしてみた。それでも相変わらず教授は手を出したまま今度はいらいらしたような雰囲気で怖い顔をしてこちらをみている。何かしないといけないと，あせった香山さんはオリエンテーションでもらったすべての書類を差し出してみた。すると，教

授は,あきれたように大きなため息をつくと,自分の机の中から紙を1枚取り出して「election worksheet」と言い,初めて香山さんが聞き取れるゆっくりとした口調で説明を始めた。香山さんはやっとどうやら自分がこの紙に自分がとりたい科目を書いてもってくるべきだったということが飲み込めた。「最初からそう言ってくれたらいいのに……」と不満に思っていると,教授は立ち上がった。これで,面会は終わりだという意味だと思ったので,とにかく急いで立ち上がり教授と握手した香山さんは,ほうほうの体で教授のオフィスを後にした。

「なんて冷たい人だ。英語に不安のある留学生の自分にまったく理解を示そうとしてくれないなんて!」。教授の態度に頭にきた香山さんは,できることならアドバイザーには,もう会いたくないと思ったのだった。　　　　　　　　（参考：Kohls & Knight, 1994）

設 問

アカデミック・アドバイザーと香山さんの間に起こったすれ違いの背景にはどんな問題が潜んでいたのだろうか。

考　察

　香山さんは3つの失敗を犯してしまった。まず最初は，教授との約束の時間に遅れたにもかかわらず，その理由を言わなかったことである。基本的にアメリカ社会はMタイム（monochronic time, 227頁参照）の社会であり，ビジネスや大学でのアポイントメントの時間は厳守である。よって，もし，自分が遅れれば，相手の大事な時間を無駄に過ごさせたことになり，その失礼に対しては何らかのもっともらしい理由とともにもちろん謝罪をすることが求められる。

　次に，香山さんの失敗として挙げられるのは，教授の質問や行動の意味がよくわからなかったときに，聞き返さず，そのままにしてしまったり，ただ困った顔をして相手の理解を求めるだけに終始したことである。アメリカは言語を重視する国であり，わからない場合は，わからないということを意思表示しなければいけないし，相手は言語による意思表示をしなければわからないというのが社会の大前提である。よって，香山さんのように質問されたのに黙っていれば，相手の質問を無視したことになりきわめて失礼な行為と解されても仕方がない。また，もちろん困ったような顔をしただけで，相手に自分の窮状が伝わるだろうと考えるのも間違いのもとである。困ったときははっきり言葉に出して相手に伝える努力をすることが求められる。

　香山さんの最後の失敗は，よくわからなかったときにとりあえず「Yes」と言ってしまったことである。日本では，まず，相手に同調することがスムーズなコミュニケーションに必要なことだという考えが主流であろう。そのため，相手の言うことがよくわからなくてもとりあえず「はい」と返事をしたり，同意していなくても頷いたりといったことが普通の行動となっている。日本人

同士なら互いにこの前提を共有しているため、問題にならないが、このケースのように「Yes」は「Yes」であるという考えで人々が生活しているところでは、わからなかったり、相手に同意していないときに発する「Yes」はきわめて不誠実に映るようである。日本人が「Yes」と言うときには、大概「No」なので気をつけた方がいいという「日本通」の外国人のアドバイスがまことしやかに伝えられているほど、日本人の「不誠実」な「Yes」は悪名高いようである。

　また、一般的にアメリカの大学院は学生数が相当多く、特に学期初めには教授は自分が担当するすべての学生に会い、履修科目の許可を与えねばならない取り決めになっているところが多い。したがって、1人の学生に対する面会時間もきわめて短いものになる。筆者の経験でも、特に新学期の初めは、アドバイザーである教授の研究室の前には、数人の大学院生が教授のサインをもらうために待機していたことがしばしばある。そんな忙しい教授に時間を割いてもらうわけなので、どの大学院生ももちろん教授との面会には神経を使う。つまり、割り当てられた時間内に自分の質問の答えがもらえるように周到に準備しなくてはならないからだ。とにかく、教授との関係にあたっては、日本的な甘えは通用しないと考えるのが賢明だ。　　　　　　　　　　　　　　　　[H]

課題　リサーチ＆ディスカッション

　インターネットを使って、今まで日本人留学生が何らかの事件に巻き込まれた例を探してみよう。1グループ5名程度に分かれて、どのような点に気をつければ、そのような問題にあわないですむのか、また、遭遇してしまったらどのように対処すればよいかを話し合ってみよう。

留　意　点

アメリカ留学生活──「何でもはっきり」の落とし穴

　留学生活に慣れ，英語にも自信が出てきたころに陥りやすいのが，「何でもはっきり言った方がよい」という思い込みである。確かに，アメリカ人は日本人が相手の気持ちを考えてはっきり言えなくて困るようなときに，あっさり「No」と言うことが多い。そんな経験を重ね，また，自分の意見を言うことに慣れていなくて黙っていると，友人や教授などから「あなたの意見は？」「どうして意見を言わないの？」と責められたりしているうちにたどり着くのが，「はっきり言わないといけない！」という結論である。

　ところが，アメリカ人でも当然のことながら人の誘いを断ったら，「また，今度誘ってね」と付け加えたりするし，趣味の合わない絵をもらったときなども「すごく新鮮な感じで素敵。どこに掛けるか考えるね」など，相手の気持ちを損ねないようにフォローするのが普通である。悲しいかな外国語として英語を勉強した日本人にはその辺のさじ加減がわからないようである。ということで，「ものすごくぶっきらぼうな，ひどく失礼な物言いをする人」になってしまっていることに気づかず，自分は英語が巧く話せると勝手に思い込むようなことになってしまうのだ。

　こんな落とし穴に落ちないためには，まず自分の英語力を過信しないこと，そして，人を傷つけないように努力するということはどの社会にあっても共通していることを忘れないことだろう。もちろん，どのような振る舞いが期待されているかはどこでも同じとは限らないということも忘れないようにしたいものだ。[H]

友人はどこに？

　アメリカだけでなく，イギリス，オーストラリアなど英語を学ぶために留学した人々の多くが共通して体験することがある。それは，留学中に中国，台湾，韓国，フィリピン，インドネシア，タイ，マレーシアなどアジア出身の学生と友人になり，自分が日本人である前にアジアの一員であるということに気づかされることである。皮膚の色が似ていることが一因なのかもしれないが，慣れないところで苦労していることが，互いに手にとるようにわかるし，それに彼らの笑顔に接していると，話さなくてもわかり合えるような，何ともいえないほっとした気分に浸ることができる。日本で生活していた頃はアジアの国々についてまったく興味をもたなかったのに，留学先で出会った友人を介して日本とは異なる社会システムや考え方に触れ，アジアの国々に興味をもつようになる人も多いようだ。しかし，仲良くなった後に，友人の祖母や祖父が日本人にひどい目にあったという経験があるといった話を聞かされ，戸惑ったというのもよく聞く話である。一歩外に出るとこのように自分にはまったく関係ないと考えてきた歴史問題がいきなり目前に迫った現実問題となる。海外留学に行く人は，行く前に近代日本の歴史や海外との交流史をしっかり学んでおきたいものだ。

第5章

海外赴任

　戦後の驚異的な経済的復興を成し遂げた日本は1970年代になると本格的に海外に進出するようになった。最初は東南アジアに，続いて欧米の先進国に，商社，銀行，証券会社，各メーカー等が進出し，日本企業同士の海外での競争も激化の一途をたどった。1980年代のバブル期には，強くなった円を背景に日本の大手企業が外国のメーカーや不動産までも次々と買収するようになっていったが，バブル崩壊後，それまでの海外投資の勢いが欧米諸国から近隣の韓国，台湾，中国等へと移り，1990年代には日本の企業活動は文字通り，地球全域に広がることになった。現在は，企業の規模を問わず，それぞれのニーズに合わせて海外に派遣される社員も増加し，今や海外赴任はいつ自分にまわってきてもおかしくない時代となった。

赴任決定後の準備

　海外に赴任することが決まった社員に対しては，出発前にどのような教育あるいは研修が行われているのであろうか。どの会社でも行っているのが，英語または現地で話されている言語を習得するための「語学研修」である。それ以外に行われている研修や訓練の内容は，海外赴任に伴って起こる諸問題への企業の認識の

程度に応じて異なるが,大別すると次のような段階で進んできたように思われる。まず,当初多くの企業にみられたのが「飛び込み方式」である。仕事に関しては日本でも海外でも同じこと。人間は本質的にはどこでも同じ。したがって,話される言葉や若干の風俗・習慣の違いはあるが,それも現地に行けばなんとかなる,といった楽観主義で社員を派遣するという方式である。しかし,それだけでは不十分とみた企業では,「レクチャー方式」を取り入れた。海外での仕事の仕方や現地の従業員のものの考え方は日本とは相当異なっているので,それらについてあらかじめ専門家の講義を受けてから出発するという方式である。例えば,現地の事情にくわしい専門家やすでに現地で勤務した経験のある人を講師に招き,地域の事情,現地経営の諸問題,現地従業員の特徴などについて知識を仕入れてから出発するという形である。

　その後,ある程度現地の生活に即した訓練を実践的に行う「異文化研修」を取り入れる企業も出てきた。派遣される地域は,日本とは異文化であるという前提で,できるだけ派遣される地域での会社運営や生活に即した訓練を行う方式である。このような研修では,単なる講義だけではなく,プレゼンテーション,ロールプレイ,危機事例,ケーススタディなど,派遣される地域の事情を認知面だけではなく,情緒面,感情面でも理解することを目指すものとなっている。ただ,研修を受ければそれで万全といえるほど異文化コミュニケーションは甘いものではない。やはり,異文化への適応能力や対処能力は個人差もあり,企業としては適材適所といえるような人材選びができるか否かがキーポイントといえよう。

求められる危機管理

　海外に赴任するとなると，赴任者自身が現地に適応できなければならないのは当然のことであるが，同時に同伴する家族もそれぞれの立場から適応を迫られる。住宅，銀行，買い物先，医療サービス，近所付き合い，子どもの通う学校など，現地で生活をしてみると，それまで日本で得られたような普通の便利さが大幅に欠乏することを感じることが多い。また，子どもが学校で現地の言葉をいかにして習得し，周囲に適応していくかも，大きな問題である。まず，どんな学校を選ぶか，そして言葉の習熟度との関係で，学年はどうするのか，担当の先生に自分の子どもの状況をどの程度理解してもらえるのか，クラスメイトはどのように対応し，援助の手を差し伸べてくれるのか，などそれらの1つひとつが，子どもはもちろん，親にとっても真剣に考えなければならない事柄である。さらに，子どもが実際にどのような気持ちで学校生活を送っているのかについては，必ずしも，子どもがすべてを打ち明けるとは限らず，親の心配は尽きない。

　そして何より大切なことが，危機管理である。そのためには，自分の住んでいる地域である程度どんなことが起きうるのか予測できるようになる必要があろう。貧困の問題などが深刻で，盗難が多いということもあろうし，銃が比較的自由に手に入り，発砲事件が頻発するところもあるかもしれない。また，政治的・経済的事情のために地域紛争が起きる可能性の高いところもある。子どもの病状について病院で説明したが，その説明が十分に理解されなかったという事例や，誤診で不適切な治療を受けたがために，不治の身体障害に陥ったケースもある。このようなことは日本国内でも十分に起こりうることであるが，現地の関係者との意思疎通がうまくいかないことにより生じる危険性は，日本でのそれに

比べて数倍にもなろう。夫が毎日仕事で忙しくしている一方で，妻は外の世界とのコミュニケーションがまったくとれず，ノイローゼになり自殺した，というような悲惨なケースも起きている。その意味で，海外生活ではありとあらゆる形での危機管理が常に求められているといえるだろう。

ケース1　解雇したい従業員

　日本の大手ホテルK社は，中国のA市の中心地に進出した。岡村俊夫さんは日本側の代表として，立ち上げの準備段階から同市に駐在し，ホテルのオープン以来ずっと総経理（社長）として職務にあたってきた。ホテル経営は順調に推移していたものの，最近，一部の従業員の態度が思わしくないというクレームが出るようになった。ホテルのオープンにあたっては，事前に十分な従業員教育を実施しており，また，新規採用者についても集団研修やOJT（実地訓練）を十分やってきたと自負していた岡村さんだったが，とにかくことの真偽を確認するために，各部門のマネジャーを集めて，緊急に従業員の勤務状態に関する報告会を開くことにした。

　報告会では，残念なことに従業員の中には素行がよくない者が数人おり，また，無断で欠勤するなど勤務状況のよくない者がいることがわかった。岡村さんは，そのような従業員はホテルにとって不適当な人物なので，何らかの対策をとることを主張した。中国人の張マネジャーも同意見で，名前の挙がった数名の従業員については，すでに何回か警告を出しているので，解雇などの強い態度で望むべきだと述べ，中国人の周マネジャーもその意見を強く支持した。ところが，宗副総経理が突然，その件については

社会的影響があまりにも大きいので，もう一度注意を与えて，今しばらくは様子をみた方が賢明だと言って強く反対した。岡村さんは，もともと中国側の人事については，副総経理に全面的に任せていることもあって，宗さんの考えに従わざるをえなかった。

その後，しばらく様子をみていたが，問題の従業員の素行は改まる気配もみられない。しかも，これらの従業員は，いつも副総経理の部屋を訪ねたり，一緒に遊びに出かけるような仲であることを聞いて，岡村さんは，ますますどうしたらいいものか悩んでしまった。
(参考：日本在外企業協会，1992)

設問

どうして，こんなことが起こるのだろうか，理由を考えてみよう。

考察

日本でも縁故採用を行う企業はあるが，普通はひっそり行われているし，また大企業や公務員などの場合，基本的にはそのような採用形態はありえない，もしくは望ましくないという考えが一般的であろう。これは，日本社会が核家族を中心とした小さな血縁関係のみを重視した「タテ」の集団主義的価値観中心の社会となっている証拠である。ところが，一般的に中国では近年，以前よりも個人主義的になってきたと指摘されてはいるが，それでも日本で考えるよりもずっと遠い親戚までをも含めた拡大家族を中心とした「ヨコ」の集団主義を基本とした社会となっている。それゆえ，人々が家族間で助け合おうとする度合いは日本より強く，その結果，このケースのように担当者が自分の親類縁者や親しい者を採用したりすることもそんなに珍しいことではないことにな

る。このように拡大家族を中心とした「ヨコ」の集団主義の国では，政府の要人でさえ同族登用が行われるということも珍しくない。このような慣行は望ましくないという日本的価値観からすれば，大きな問題にみえるが，同族登用があたり前である社会においては，かえってそのような慣行に反した行動をとった人物は反社会的だったり，ひどく自己中心的で冷淡にみえるということがあることを覚えておきたい。さまざまな文化的慣行はすべて，大きな社会のシステムの中に存在することから生まれているのだ。

課題 ディスカッション

岡村さんは，これからどうしたらよいだろうか。具体的方策について話し合ってみよう。

ケース2　駐在員夫人の狼狽

夫とともに東南アジアのある国に駐在員夫人としてやってきた長嶺さんの現地での生活は，会社が借り上げてくれた大きなお屋敷で始まった。もちろん，メイドさん付きで買い物から料理，洗濯と家の用事は何でもやってもらえて，すべて自分でやっていた日本での生活を思えば本当に天国のようだった。メイドさんは料理上手で感じもよく，日本食もスーパーに行けば何でも手に入り，とにかく申し分のない駐在員夫人生活を満喫していた長嶺さんだった。ところが，メイドさんがお休みのある日，久しぶりに自分で台所に立ってみた長嶺さんはお気に入りのお皿が何枚かなくなっているのに気づいた。不思議に思ってあちこち戸を開けてみてみると，ほかにもナイフやスプーンなどいろいろな物の数が減っている。まさかと思って冷蔵庫を開けてよく中を調べてみると，

同じようにお肉やお魚，野菜などが明らかに買った量より少なくなっている。「お皿なら割ってしまったとも考えられるけど，どうしてこんなにいろいろな物がなくなっているのか」といぶかしく思っていたところに夫が帰宅した。このことを話すと夫は「よくある話だそうだよ。メイドさんがもって帰っちゃうんだって。山田社長の家なんかそれで，何人もメイドさんをクビにしたそうだし……」とそっけない。「うちのメイドさんに限ってまさか……！　あんなに，いい人なのに!!」と自分に起こった事態がまだ信じられない長嶺さんだった。

設問

メイドさんは，本当に長嶺さんの台所にあるものをもって帰ってしまったのだろうか。もしそうだとすれば，どうしてそんなことをしたのだろうか。

考察

日本では，もしメイドさんが家の物や冷蔵庫の中の物を勝手にもち帰ってしまえば，それは窃盗であるという解釈となるだろう。ところが，このような日本の常識が常識ではないところもある。

では、どういった考え方をすれば、この「窃盗行為」が窃盗ではなくなるのだろうか。

　よくある考えとして、お金持ちは貧しい人に自分の富を分け与えるべきだというものがある。このような考えが軸となる場合、大きな家に住んでいる富んだ人は、そこで働くような自分より貧しい人に自分の富を再分配することが求められる。お金持ちなのにけちけちすれば、逆にお金持ちとしての使命を全うしない、社会的ルールに反する行為であると解釈され、軽蔑されることになったりする。貧富の差が激しい地域にあっては、富の再分配の一方法として長い間うまく機能してきたと思われるこの方法であるが、日本で育った人にはどうもただ相手に倫理観がないとしか思えず、なかなか理解できないようである。しかし、こんなとき、発想の転換法として、こんなふうに考えてみてはどうだろうか。例えば、会社のペンや便箋などはけっこう気楽に拝借していたりしないだろうか。思いあたる人は、少しは理解できたかもしれない。このように、異なる習慣を前にして、相手の行動を「窃盗」だと決め付けてしまわず、ちょっと一呼吸おいて冷静に別の解釈がないか、また相手の視点からみてどうなのかと考える癖をつけたいものだ。
[H]

課題　ディスカッション——こんなときどうする？

　アフリカのある国に派遣された山田さんのお話である。精密機械の輸入許可書が必要となったため、必要書類をそろえ、政府の機関に赴いた。ところが、何回行っても今日は人がいっぱいだとか、書類が足りないと、いろいろな言い訳をつけて書類を受け付けてもらえない。困った山田さんが現地のマネジャーに相談すると、「ちょっとした心づけを渡せばいいんですよ。みんな薄給で

> **＜コラム　パーティのお返しは？＞**
>
> 　日本文化の特徴の1つとして「お返し文化」がよく挙げられる。例えば，誕生日のプレゼントをもらったら必ずといっていいほどその人の誕生日にはプレゼントのお返しをするし，結婚式やお葬式など，とにかく何かを人にあげても，もらってもお返しは付き物といえよう。したがって，何か人にしてもらったり，物をもらったら，「どうやってお返しをするか」ということがまず頭をよぎる人も多いだろう。ところで，海外に行った人がひっかかるのがこの「お返し文化」による刷り込みの罠といえる。例えば，自分がパーティに招かれたとすると「お返しのパーティを開かないといけないのでは」と考える。また知り合った人が何かプレゼントをくれれば，「お返しのプレゼントはどうしよう！」となる。
>
> 　しかし，実際は日本ほど「お返し」が慣習化しているところは珍しい。例えばアメリカなどでは，人はその人にあげたいと思うから何かをあげるのであって，あげた人はお返しなど期待しないのが普通である。そんな人にわざわざ何かを買ってお返しすると逆に相手はびっくりするかもしれない。また，アジアの国に多い考え方としては友達同士なのにすぐにお返しをすると逆に「あなたとは長く付き合いたくないからもらった分はすぐ返します」という「縁切り宣言」にとられるかもしれないので，注意が必要だ。
>
> 　　　　　　　　　　　　　　　　　　　　　　　　　　　［H］

すから」と言われた。「政府の職員がそんなことをするなんて！まるで賄賂じゃないか！」と怒っている山田さんに，どんなアドバイスをすればよいか話し合ってみよう。

ケース3　実るほど頭を垂れる稲穂かな？

　日本のある企業の韓国支社長に任命された田中博さんの失敗談である。支社とはいえ，いくつも部署のある大きな所帯のトップ

に任命され,それも初めての海外赴任とあって,田中さんは辞令を受けて以来,一所懸命準備にいそしんだ。夜は韓国語講座に通い,空いた時間もいつも韓国語のCDを聞くなど,とにかくこの大抜擢に報えるようにと大変張り切っていた。いよいよ韓国支社での初出勤の日,会社が用意してくれた社宅前には立派なリムジンが迎えに来てくれ,いざ会社の中に入るとすれ違うみんなが,「こんにちは,社長様」と深々と自分に向かってお辞儀をしてくれた。社長室も広々としてとても立派で,またみんなの恭しい態度を思い出すにつけ,舞い上がりそうになったが,「実るほど頭を垂れる稲穂かな」と自分がいつも大事にしていた格言を繰り返しながら,自分を戒めた。

　それからも,田中さんはできるだけ謙虚に,そしてみんなに好かれるようにと心がけ,日々を過ごした。廊下を通っているときにごみをみつければ,率先して拾うようにしたし,お昼はいつも社員と一緒に近所の気楽な食堂に通った。また,廊下で出会う社員にはこちらから先ににこやかに話しかけ,気さくな社長と呼ばれるように努力を続けた。ところが,である。田中さんはある日あることに気づいた。気のせいか,なんとなく,社員の態度がよそよそしいのだ。気になりだすと,頭から離れない。よくよくま

わりの社員の態度を観察したが、やっぱり自分にだけどうも冷たい。なんと、ときどき目が会うとばかにしたような薄笑いを浮かべる者さえいる。「こんなにみんなに溶け込むように努力しているのにどうしてみんなわかってくれないのか。やっぱり、自分が日本人だから嫌いなのか！」と、悲しさを通り越して怒りさえ感じるようになってしまった田中さんだった。

設問

どうして田中さんは、社員のみんなから受け入れられなかったのだろうか。

考察

「実るほど頭を垂れる稲穂かな」といわれるように、日本では立派な人ほど謙虚であれという考えが幅を利かしている。ところが、ところ変われば、考え方も180度異なることもある。一般に韓国では、偉い人は偉いような態度をとることが普通であり、この田中さんのように地位にそぐわない態度をとると、逆に相手に媚びているようにとられ、尊敬を失いかねない。田中さんは日本的解釈で、一所懸命みんなに溶け込む努力をしたわけだが、すべて裏目に出てしまったことになる。

また逆に、韓国で立派な地位についている人が日本に来て韓国的な価値観で行動すると、まったく同じような失敗をしてしまうことになる。つまり、日本人の目からみると、「謙虚さがない、感じの悪い人！」と映ってしまうのだ。とある入国管理局で「私は大学教授なのに、なぜこんなひどい目にあわされるんだ！」と怒った韓国人の男性に対し、職員の日本人はみんな呆れたという話を聞いたが、異なる価値観で行動している相手の真意をくみと

るのはやはり難しいようだ。 [H]

課題 ディスカッション

　ある大手ホテルチェーンが，南太平洋のある国にホテルを建設することになった。南国の雰囲気を高めようと，敷地内に大きなトーテムポールをいくつか建てることにして，さっそく，現地の業者と交渉を始めたところ，びっくり仰天することになった。なんと，最初の1本目の価格と2本目，3本目の価格が異なるのだ！　それも，発注数が増えれば増えるほど1本の価格が高くなるという。こんなことがあっていいのか？　と担当者は頭を抱え込んでしまった。では，なぜこんなことが起こりうるのだろう。理由を考えてみよう。[回答は125ページ]

ケース4　高くついた看板代

　杉山さんはヨーロッパのある日系企業の社長である。就任して少し落ち着いた頃，会社が大通りから脇道に入った場所にあり，顧客や取引先にとってとてもわかりにくいということに気づいた。そこで，現地出身の宣伝部長に，「大通りの入口のところに案内看板を設置したらどうだろうか」ともちかけた。杉山さんはそのうち彼が原案をもってくるだろうと考えていたが，待てど暮らせどもってこない。自分の指示がはっきりしていなかったのかといぶかっていたちょうどその頃，宣伝部長は，すでに業者との具体的な検討を済ませていた。その数日後，「社長の指示」ということで，経理などの関連部門の承諾もとりつけ，業者との契約を完了した部長は誇らしげに，杉山さんにそのことを報告した。杉山さんは絶句した。宣伝部長はすでにネオンサインを注文していた

> **コラム　オフィススペース感覚あれこれ**

　日本のオフィススペースのあり方として多いのは，仕切りがなく，全体が広く見渡せるようなオープンスペース方式であろう。現在ではずいぶん欧米の影響もあってか，小さな仕切りを採用したオフィスなども増えてはいるが，基本的に部署ごとに固まって大部屋を使うという方式は健在といえるのではないだろうか。このオープンスペース方式には，成員の一体感を醸し出し，誰が何をしているか瞬時に見渡せるなど，管理者の立場でみると大変都合のよいことがあり，個人プレーより集団の結束を重視する日本のような社会だからこそ生まれた方式ともいえよう。しかし，このオープンスペース方式は，部長や課長だけでなく，中間職のマネジャーなら個室があたり前という考えの社会で育った人にはひどく不評であるようだ。つまり，それ相当の地位についた人には個人のスペースが与えられるものだと考える人にとっては，自分のオフィスがないことは大きな地位降下を意味するのだ。

　人が自分に割り振られたスペースにどのような意味づけをするのか，そしてスペースをどのように形作り，区切るのかというスペース感覚は生まれ育った地域の文化の影響が大きい。例えば，多文化組織での笑い話として，オフィスのドアをいつも開けっぱなしにしているアメリカ人の同僚に対し，いらいらしたドイツ人が「アメリカ人にドアを閉めさせるにはどうしたらよいだろうか」と真剣に悩むなどというものがある反面，いつもドアを締め切って仕事をしているドイツ人同僚の行動に対して，アメリカ人が「あのドイツ人はドアを締め切っていったいどんな秘密の仕事をしているんだ」と不信感をつのらせたなどというものもある。異なったスペース感覚を受け入れるのはどうも難しいようだ。

のだ！　驚いて声も出ない杉山さんに，部長は，「社長の指示通りに行いました。何か不都合な点がありますか。明日から，さっそく工事にとりかかります」とだけ言うと，さっさと部屋から出て

行ってしまった。杉山さんは契約書に書かれた莫大な数字をみて，途方にくれてしまった。　　　　　　（参考：日本在外企業協会，1991）

設問

なぜ宣伝部長は勝手にことを進めてしまったのだろうか。

考察

欧米の企業では社長の決定はそのまま部下に下ろされ実行されるトップダウン方式が多い。一方，日本ではワンマン社長が自分でものを決めてしまうような会社もあるにはあるが，たいていは比較的若い社員あるいは中堅幹部から案が提起され，それが稟議書（近年は電子稟議が多い）として根まわしされ，関係者全員が承認したうえで社長が決済するというボトムアップあるいはミドルアップ方式をとっている。

このケースは，ボトムアップ方式とトップダウン方式の異なったシステムで動こうとする人々の間で起きる典型的な摩擦例といえよう。この場合，社長は最終決定の権利は当然自分にあると考えていた。したがって，部長は業者にあたり，いろいろな案を練り，その結果をもってもう一度自分に相談に来るものだとの思い込みがあったと考えられる。ところが，部長は社長の命令を欧米式に理解したため，命令を受けた後は，自分に決定権があると考えたのだ。

決定権の認識の違いから来る摩擦を解決するためには，やはりどのポストの人がどこまで，そしてどのような権限をもっているのかといったことについてはっきりと文書で明示するか確認しておくことが求められよう。さらには，何らかの決定が必要とされる問題の性質によっては，自分自身に決定の権限があると思って

も，念のためにトップに最終確認するといった感覚を身に付けてもらうことが必要になってくるであろう。

課題 ディスカッション

あなたは，妻（夫）として，異文化への赴任が決まった夫（妻）についていくことになった。以下の3通りの行動のそれぞれについて，利点と問題点をできる限りたくさん考えてみよう。また，その後，自分ならどのようにしたいと思うか，話し合ってみよう。

① もっぱら，現地の人と付き合う。
② もっぱら，日本人と付き合う。
③ 現地の人との付き合いも，日本人コミュニティでの付き合いもどちらも同じくらい大切にする。

留 意 点

現地従業員を理解するには

海外赴任した日本人の多くは現地での従業員の第一印象がよければ，それだけで彼らがよく働いてくれるだろうと勝手に期待してしまう。ところが，初めは確かにそうだったが，そのうち働かないようになった，何の連絡もなく休むことが増えた，毎日遅刻をしてくるなど，その期待が裏切られ，がっかりすることも少なくない。そんなとき，ちょっと考えてみてほしいのは，彼らが自分と同じ価値観で生きているわけではないということだ。例えば，仕事は生活のためにしているだけで，適当に給料がもらえて，毎日ご飯が食べられれば，それで十分だと考えている場合もあるだろうし，時間を守ることにたいして意味がないと考えているのか

＜コラム　リーダーシップ・スタイルと異文化シナジー効果＞

　一般的に，シナジー効果というのは，相乗効果により1プラス1が2以上の効果を上げることをいう。文化的に多様な人々が集まる多文化組織においてのシナジー効果とは，1人ひとりの成員がもち込む価値観，思考法の差異を超えて，組織の方針，戦略，構造，慣習など，個々の成員の文化を超越した新たな形態が生み出され，そのことによって組織が活性化し，機能が向上することを意味する（アドラー，1992）。グローバル化の進む現代社会においては，モノ・カルチュラルな組織よりこのような多文化的な組織の方がさまざまな問題に対する対処能力の点でも優れている場合もあり，多文化組織を率いる人々の関心はいかに自分の組織を異文化シナジー的なものにするかということになる。

　例えば，一般的に日本的組織のリーダーは，部下と協議し，組織をじっくりまとめていく，いわゆる「まわし」スタイルのコミュニケーションをとるのに対し，欧米的な組織では，リーダーが自分自身で決定し，方針を決め，それを成員に伝える「とおし」スタイルのコミュニケーションをとることの方が多い。「まわし」スタイルとは「集団の成員によって言語・非言語で表現されたメッセージが水平または上方に向かって円環状に関係者間にまわされ，その伝達の間に関係者の意向をくみつつ変化させることによって収斂し，まとまっていく」ことを目指すようなスタイルをいう。一方，「とおし」スタイルとは「リーダーがいろいろなアイディアや選択肢の中から自ら選び取った案を，関係者に説明ないし説得をして受け入れさせる」ようなスタイルとなる（久米，2001）。「まわし」スタイルのリーダーのもとに，「とおし」スタイルを期待するような部下がそろった場合，組織の成員が最大限の能力を発揮し，組織がうまく機能するようにするためにはどのようにすればよいだろうか。「とおし」または「まわし」どちらか一方だけを採用するだけでは，異文化シナジーは生まれない。これからの多文化組織ではそれぞれの組織の目的に沿って試行錯

> 誤を重ねながら，多様なバックグラウンドをもった人々が生き生きと参画できるようなリーダーシップ・スタイルを創造することが求められている。

もしれない。

　例えば，あるアジアの国に赴任した日本人ビジネスマンの話を例にとってみよう。あまりに働かない現地スタッフに業を煮やして「もっと働きなさい」と説教をしようと試みた。「もっと働くとどんないいことがあるのでしょうか」と聞かれ，「もちろん給料が上がって，お金がたまるよ」と答えると「お金がたまるとどんないいことがあるのでしょうか」とまた聞いてきた。「広い庭の付いた家でも買って，ハンモックに揺られてゆっくりくつろぐようなゆとりのある生活ができるんだ」と言うと，「そんなこと，毎日やってますよ」という答えが返ってきて，二の句が告げなかったという。つまり，この例のように，誰でもが自分と同じような動機で働き，同じことで喜びを見出すだろうと考えてかかると，つまずいてしまうことになる。海外赴任にあたっては，まず現地の人々の価値観を調べ，どのようなことを求めて人々が働いているのか，またどのような職場環境であれば勤労意欲が向上するのかなどしっかり調べてから行動したいものだ。

［120ページの課題に対する回答］
　最初の仕事は楽しいが，同じものをいくつも作るのは面白くないから。

第5章　海外赴任

第6章

海外旅行

　近年，海外旅行はけっして珍しいことではなくなった。旅行に出かける年齢層も多様になり，旅行会社は大学生をはじめ，20〜30歳代の独身者，サラリーマン，主婦，定年退職者などありとあらゆる人々を対象に，雑誌やテレビ，新聞あるいはインターネットなどを駆使して，魅力的な海外旅行のプログラムを提供している。多くは団体（パッケージ）旅行であるが，最近では個人旅行も少なくはない。世界遺産，名所旧跡，グルメ，買い物，スポーツ，さらには海外で活躍するスポーツ選手が出場する試合の観戦，テレビ等で評判になったドラマのロケ地見学まで，人々は積極的に出かけているようだ。しかし，海外旅行は短期間であるが異文化コミュニケーションの体験である。文化移動することによって人はこれまでになかった経験をし，ときにはその人の後の人生にも大きな影響を与えることもある。

旅先での焦燥

　海外旅行に出かけるとなると，その準備にけっこう手間がかかる。団体旅行の場合，旅行会社に相談して申し込めば，現地での宿泊先の予約，それに航空券の手配まで必要な手続きはすべてやってくれるが，自分で銀行や役所に行ったりしなければならない

こともあり，しかも旅行に何を持参するかしないかの細かな判断の必要もあり，意外と大変だ。現地に着いたら着いたで，パスポートをなくしたりして思わぬハプニングが起きることもしばしばである。

　例えば，飛行機内のことを考えてみよう。席に着いた途端に，機内の放送がさっぱりわからなくて急に不安になるかもしれないし，隣の人に知らない言葉で話しかけられ，うまく対応できなかったりすることもあるだろう。機内に入るまで緊張ずくめで疲れがたまり，しばらく眠りたいと思っているのに，近くの席で赤ちゃんが泣き叫んでいるといったこともある。それに，機内で出される食事が期待していたほどではなく，急に食欲が減退することさえあるかもしれない。

　空港に到着し，入国管理での受け答えで，簡単な挨拶を英語でしたために係員から突っ込んだ質問を受けて，困り果てたという話もよく耳にする。個人の旅だと，空港からリムジンバスやタクシーなど適当な交通機関を利用して宿泊先にたどり着くのが案外難しい。ホテルに入ったら入ったで，部屋からの景色がよくない，バスルームにはシャワーしかない，洗面所の水の出がいまひとつ，エアコンの調子が悪い，机の脇のランプが切れている，国際電話がなかなかかけられないなど次から次へと問題が起き，自分が思い描いていた通りの夢のような旅とはならなくなる。それに，ちょっと油断をしている隙に，風邪を引いたり，運悪く盗難にあうなどして，せっかくの旅行の楽しさが一挙に吹っ飛んでしまうことさえある。

日本人旅行者に対するイメージ

　日本人旅行者が集中する観光地の多くでは，日本人に対する一

定のイメージが形成されている。何といっても，彼らの大きな特徴は，「集団として行動する」ことと「よく買い物をする」ということだ。どの観光地にもほとんどパック旅行でやってきて，みんなが同じ行動をし，ごく短期間だけ滞在して，たくさん買い物をしてあわただしく帰国するというイメージである。また，日本人がやってくるのは特定の時期に集中している。その期間にあたかも台風のように，大挙して押し掛けてくるため，現地では絶好のかき入れどきとなる。多くの人が，おみやげを大量に購入し，しかも，有名ブランド品を買いあさるので，現地では日本語のできるスタッフを配置して，サービスにこれ努める。

　日本人旅行者は，団体行動においてマナーがよく，バスの待ち合わせ時間などにも，正確に現れる点などでは評判がよい。しかし，買い物行動などでは，日本では客が丁寧に扱われることに慣れているせいか，現地の人々にとっては，店員に対するねぎらいの言葉もなく，実に横柄にみえるようだ。

　まとめていうと，日本人観光客は現地の人々にとっては，たくさんのお金を落としてくれる，いわゆる「ドル箱」である。現地では，日本人は，「高額のキャッシュをもち歩いている」「ブランド物に目がない」，そして，あまり値切ろうとしないので，「だましやすい」という見方があるのも事実である。そのほかに，「無防備でのんびり歩いている」「きれいな服装をしている」「どこでも記念撮影をする」などなど，日本人観光客に対しては，よきにつけ，悪しきにつけ，かなり際立ったイメージができており，それらがまた日本人が現地の人々につけ込まれる原因ともなっている。それでは，実際に起きたケースを読んで，海外旅行における日本人旅行者の行動について考えてみよう。

> **ケース1** キャビン・アテンダントとの会話

　成田発ロサンゼルス行きのアメリカ系航空会社の飛行機内で起きた話である。離陸後40分ほどした頃，アメリカ人女性のキャビン・アテンダント（CA）が飲み物のサービスにまわってきた。英語にはある程度自信があるビジネスマンの山田さんは，ちょうどCAが自分の目前に来たとき，「This is a bomb.」（これ，時限爆弾だよ）と少しふざけたように言いながら，椅子の下にある紙袋を指差してみた。山田さんのもくろみは，少し相手の関心を引いて楽しい会話にもち込むことだったのだ。

　ところが，CAからは，まったく予想外の反応が返ってきた。彼女は冗談に笑ってくれないばかりか，一瞬びっくりしたような顔をした。「冗談が通じていないのかな」と山田さんが次の会話を考えていると，彼女は急にものすごい形相に変わり，急ぎ足で前方に向かって歩き出し，キャビンの中に消えてしまった。「どうしたのかな」と山田さんが気にしていると，3分ほどして，彼女が山田さんのところに戻ってきた。ところが，彼女は険しい表情をしたまま，命令口調で山田さんにその袋を差し出すようにと言うのだ。さすがにあせった山田さんが笑いながら，「いやいや，さっき言ったのは嘘ですよ。冗談で言っただけですよ，本当はワインです」と反論したが，時すでに遅しで，彼女はもう聞く耳をもたない様子で頑として袋を差し出すようにと繰り返すだけだった。山田さんが仕方なく袋を差し出すと，彼女はそれを，腫れ物にさわるようにしてもち，キャビンに向かって運んでいった。

　ここまでくるとさすがに大変なことになったと気づいた山田さんだったが，後の祭りだった。それから約5分後，機内アナウン

スが流れた。「みなさん，機長からお知らせをいたします。ただ今，機内で危険物が発見されましたので，この飛行機は急遽成田に戻ることになりました……」。機内全体が張り詰めた雰囲気になり，山田さんは自分がこのような事態を招いてしまったことがまだ信じられず，どうすることもできないまま，やりきれない時間を過ごすばかりであった。結局，飛行機は離陸後約1時間半で成田に戻り，乗客はただちに付近のホテルに宿泊することになった。二百数十人の乗客の予定が丸1日遅れ，個々にさまざまな支障が起きたことはいうまでもない。その後，航空会社から山田さんに届いた請求額は数百万円であった。

(参考：『毎日新聞』1991 年 2 月 14 日)

設 問

山田さんが「冗談で言っただけです」と言ったのに，どうしてキャビン・アテンダントはそれを信じなかったのだろうか。また，山田さんはどうすべきだったのだろうか。

考 察

キャビン・アテンダントが信じる，信じないというより，この

ような状況下では彼女は乗客から聞いた通りのことを機長に報告する義務がある。そのことを伝えられた機長にとって，それが爆弾であるという可能性が万が一でもある限り，乗客の命を守ることを最優先させ，引き返すしかほかに方法がない。また，飛行中の機内の安全を確認，維持することはCAの最も重要な任務となっているため，彼女はマニュアル通りの正しい行動をとったことになる。

　山田さんの事例は，実は3つの小さな失敗が重なったことから大きな問題になってしまった。まず最初の失敗は，安全第一の機内の中で，言ってはいけない種類の冗談があるという世界の常識を知らなかったこと。そして2つ目は，自分の言葉が誤解されたとわかったとき，笑って言い訳をするといった日本的な言動をとってしまったこと。そして最後は，どうやら自分の言い訳が受け入れてもらえていないとわかった時点でも何も行動に移さなかったことであろう。もし山田さんが，自分の常識が通用しないことを察知したその時点で，すぐに何らかの行動に出ていれば，こんな悲劇にはならなかったかもしれない。例えば，CAが袋をとり，おそるおそる前に運んでいるとき，ワインが本物であることを身ぶり手ぶりで訴えかけることもできただろう。英語が出てこなければ，日本語で訴えてもよかったのだ。そうすれば，機内の誰かが，通訳を買ってでてくれたかもしれないし，何を言っているかわからなくても，必死で「No！」と言っている様子は伝わっただろう。とにかく，軽い気持ちで冗談を言ってしまい，その後の迅速な対応を怠ったことで彼は大きなつけを払わされることになったといえよう。

課　題　インタビュー&ディスカッション

「海外旅行においての失敗を避けるにはどうすればよいか」というテーマでディスカッションをしてみよう。ディスカッションの前に，親や親戚，友人など，まわりの人にインタビューをして，海外旅行での「こんなはずじゃなかった」という経験談を集めて，失敗の原因について分析しておこう。

ケース2　初めての韓国旅行

　大学3年生の宮崎由香さんは，大学が企画した1週間の韓国ホームステイ旅行への参加を決めた。韓国語は旅行への参加が決まってから少し勉強しただけなので不安はあったが，「ジェスチャーと笑顔で何とかなるわ」ともち前の度胸で切り抜けるつもりだった。それでもさすがに韓国に着いてまわりの表示がハングルばかりになって，周囲の人の会話もさっぱりわからない状態になってしまうと，少し不安を感じた由香さんだった。それでも，ホームステイ先のチェさんの家までは，提携先の大学の職員の人が送ってくれたので大きな問題もなく，無事に到着することができた。さて，韓国の家族はどんな人たちかと，どきどきしながら玄関先で待っていると，やさしそうな顔をしたお母さんが出迎えてくれた。お母さんに連れられて家の中に入っていくと，お父さんと由香さんくらいの女の子，そしてお婆さんの3人が奥の部屋で待っていた。そこで，覚えたての韓国語で挨拶をすると4人家族のみんながたいそう歓迎してくれたので，少しほっとした由香さんだった。

　その後，由香さんと娘さんのウナさんが，お互いに片言の英語と韓国語を交ぜながら，楽しく会話をしていると，お母さんが呼

びにきた。どうやら最初の関門,「夕食」の時間のようだった。緊張のなか,由香さんが席に着くと自分の前に出されたのは長めの箸とスプーンと皿,そしててんこ盛りのご飯であった。みんなは食卓の真ん中にあるたくさんの料理を自分の箸を使って次々と運んで食べていたので,由香さんも見よう見まねで同じようにして食べ始めた。ところが,スープを飲もうとしたが,スープ用の椀がみあたらない。忘れたのかと思ってみてみると,みんな,真ん中においてあるスープの鍋の中に直接自分のスプーンを入れて,飲んでいるようだった。仕方なく,由香さんも同じように飲み始めたが,他人の自分が同じようにしていいものかと気になって仕方なかった。また,おかずはどれも大変おいしかったのだが,普段は軽く1杯程度しかご飯を食べない由香さんにとっては,大量のご飯を終わらせるのは至難の業だった。ところが,由香さんが食べあぐねていると,逆にどんどん食べなさいと,お母さんとお婆さん,そしてお父さんからも声がかかる。みんなからもっと食べるように言われ続け,むげに断るのも悪いと思って,とにかく必死の思いで詰め込んだ由香さんだった。

やっとの思いで終わった夕食後,今度はウナさんと外に買い物に出かけることになった。ウナさんが手をとって,楽しそうに歩こうとしてくれたのだが,小学校以来友達と手をつないで歩いたことがなかった由香さんは,なぜかその手を思わず離してしまった。悪いことをしてしまったかと,気にかかったが,ウナさんはそのことについて特に何も言わなかったので,そのままにしておいた。帰宅後,洗面所で歯を磨こうとした由香さんは,なんと歯ブラシを忘れてきてしまったことに気づいたのだった。「どうしよう!! また買い物に行きたいとは言えないし……」と困っていると,お父さんがやってきた。ジェスチャーと英語で歯ブラシが

ないことを伝えると，なんと「私の歯ブラシを使いなさい！」と使い込んだようにみえる歯ブラシを渡そうとする。何とか失礼のないように断って就寝のために使うように言われたウナさんの部屋にたどり着くと，10畳以上もあるような大きな部屋なのに自分用の布団が敷かれていなかった。布団はどこかと困っていると，ウナさんが，にこにこしながら自分のベッドを指差し，「一緒に寝ましょう」と言ってくれた。ウナさんのベッドの端で遠慮して小さくなりながら，その日は遅くまで寝つけず，寝返りを打ち続ける由香さんだった。その後もチェさん一家は大変よくしてくれたのだが彼女は何か居心地が悪いままだった。

設問

チェさん一家の歓待にもかかわらず，由香さんはなぜ居心地が悪かったのだろうか。

考察

韓国は日本の隣国であり，基本的には同じ文化圏といえるはずであるが，日常の生活の中での習慣や考え方は意外なほど異なるところがある。そんな違いに直面し，違和感を抱き続けた由香さ

んの1週間は，まさに小さなカルチャーショック体験であったといえよう。日本では「親しき仲にも礼儀あり」と考え，友人や親子の間でも遠慮や気づかいが求められる。しかし，韓国ではたとえていえば，「親しき仲には礼儀なし」ともいえるようなコミュニケーション・ルールのうえで人々が行動する。つまり，その分，対人距離が日本に比べると大変近いことになる。

　一緒にご飯を食べる人たちが，遠慮なく自分のスプーンを使ってそのまま鍋のスープを分け合ったりするのも，また，女性同士で手をつないで歩いたり，狭いベッドで一緒に眠ることに抵抗がないというのももちろん対人距離が近い韓国ではあたり前のこととなる（この例のように歯ブラシのような日本ではけっして他人が使わないものを共有してもよいと考える人もいることになる。しかし，みんながそうするわけではないので，そこは要注意である）。しかし，人とは距離を置いて付き合うというルールのもとで育ってきた由香さんはじめ，多くの日本人にとっては韓国の対人距離の近さに慣れるまではいろいろと驚くことも多いだろう。人間はどうしても自分が育ったところで身に付けた習慣，常識，価値観などに縛られる。異なった行動規範や考え方に出会ったら，ぜひちょっとずつでも自分の解釈や行動の幅を広げる機会と考えて，新しいやり方にトライしてみてほしい。まさに「郷に入っては郷に従え」である。
　　　　　　　　　　　　　　　　　　　　　　　　　　　　[H]

課題 ミニ・ディベート

　「郷に入っては郷に従え」という考え方について賛成と反対に分かれて約15分間の「ミニ・ディベート」を実施し，その結果に基づいて異文化環境での行動に参考となる指針を導き出そう。

コラム　ホストとゲストの相互関係としてのツーリズム

　近年におけるツーリズム（観光産業）は世界的にみても交通機関，メディアの発達とも相まって巨大な産業として著しい成長を遂げている。例えば，「辺境」や，あるいは「エキゾチック」などと呼ばれ，これまでは注目されなかった場所までもが観光地として続々登場している。とはいえ，マスメディアやインターネットによって旅行者（ゲスト）はあらかじめ訪問地の情報を得ていることが多く，現地に入ると，自分の期待や想像通りのものを鑑賞したり経験したりしようとする。つまりゲストがもつステレオタイプ（固定観念）をホスト側が満足させるという動きにもみてとれる。そこで消費される文化は，すでにホスト社会の日常の文化からはかけ離れたものになっている可能性がある。

　しかし，最近このようなツーリズムから脱却して，ホスト側が自分たちの文化を積極的に提示することにより，ゲストとホストの関係をこれまでとは質の異なるものへと発展させることを目指す動きも出てきている。このような観光をオールタナティブ・ツーリズム（もう1つの観光）といい，自然環境やホスト社会にとって望ましいツーリズムのあり方が模索されている。例えば，ファーム・ツーリズム（牧場滞在型の観光），アグリ・ツーリズム（農村滞在型の観光），そしてエコ・ツーリズム（自然や動植物の生態に触れ，学ぶ観光）などである（安福，2000）。このような新しいツーリズムでは，従来のツアー・ガイドのようにゲストの求める情報を提供するだけではなく，自然や地域住民の視点を提供する役割を担っているインタープリター（解説者）と呼ばれる人たちが活躍している。このような人たちが中に入って活躍することで，ツーリストの動機づけや態度にも変化をもたらすこともあり，今後は，観光旅行のあり方そのものにも，大きな変化がみられるかもしれない。

ケース3　気づいたら麻薬の密輸入？

　1992年6月15日，山川さん一家の兄弟3名とその友人，そして同じ会社に勤めている女性3名の計7名のグループは初めての海外旅行に出かけることになった。四男の和雄さんの知人である中国系マレーシア人ケリーさんが世話をしてくれるということで，一行は旅行先をオーストラリアに選び，意気揚々と成田空港から出発した。一行がまず向かったのは，ケリーさんが住んでいるマレーシアのクアラルンプールであった。

　ところが，クアラルンプールでとんでもないことになってしまった。なんと，食事を終えてレストランの外に出てみると一行の荷物を載せたバンが跡形もなく消えていたのだ。荷物がすべてなくなってしまうなど，まるで映画のようだと呆然としていた一行だったが，現地の様子がよくわかっているケリーさんが「何とかするから」と言ってくれたので，仕方なくホテルへと向かった。とにかく言われたままホテルにチェックインをして待っていると，ケリーさんから荷物がみつかったという連絡がきた。喜んで待っていると，届いたのは一行がもってきた荷物とはまったく異なる形状の立派なスーツケースだった。ケリーさんによると，もとの鞄は切り裂かれて使えない状態だったので，スーツケースにわざわざ詰め替えてくれたという。言われるままに中身を確認したら，確かに何もなくなっていなかった。安心してクアラルンプールで楽しい一夜を過ごした一行は，翌日，ビザの関係で1日遅れて出国するというケリーさんを除き，ようやく，最終目的地のメルボルン空港を目指して飛び立った。

　ところが，翌朝メルボルン空港で一行を待ち受けていたのはと

んでもない事実だった。なんと,空港の税関で彼らのうち女性2名を除く5名のスーツケースの中から13kg,末端価格にして8億円ものヘロインがみつかったというのだ。一行は,ただちに犯罪人のように警察署に連行されてしまった。あまりに突然の出来事で自分のことのように思えないほどの動揺のなか,一行に対する取り調べが始まった。英語を解さない彼らには当然のように通訳者がつけられたが,日本語を少し勉強した程度ではないかと思われるほどつたない日本語力の通訳者のせいで,彼らの供述調書には,スーツケースは自分で荷造りしたと書かれてしまった。そのうえ,裁判が始まってみれば,検察官は彼らがやくざの一味だと捉えたうえで,クアラルンプールで荷物を盗まれたという発言の裏づけさえとろうとせず,すべて彼らの「嘘」だと決め付けた。裁判は,時間の無駄ということで,5人一緒に行われたうえ,通訳者も1人だけというお粗末さで,また一緒に日本からやってきた2人の女性を証人として呼ぶことさえ拒絶され,彼らにはまるで悪夢をみているような日々だった。そんな彼らを支えたのは,「無実なんだから,きっとすぐに釈放になる」という信念のみだったという。

　結局,この茶番劇のようなひどい裁判の結果,彼らは12年から25年の懲役という厳しい判決を受け,刑に服することになってしまった。その後1998年6月にビクトリア州最高裁判所に上告したものの,彼らの主張は認められず,わずかに,25年の懲役が20年に短縮されたにとどまった。10年後,5人のうち4人が仮釈放となり,日本に強制送還されることになったものの,彼らの無罪は証明されないままであり,彼らを罠に陥れたケリーさんや,ケリーさんの所属する国際シンジケートの人々がこの罪に問われることはなかったという。

(参考:テレビ朝日『ザ・スクープ』2002年11月24日)

設問

このような不幸な事態に陥らないためには、どのようにすればよかったのであろうか。

考察

これは簡単にいえば、2つの失敗が重なった事例といえよう。まず、最初の失敗は、仕事上で世話になっていたからといって、彼らがケリーさんを完全に信じ切っていたことであろう。クアラルンプールで、別のスーツケースに取り換えたと言われた時点でおかしいと気づくべきだった。実際、一行の中の1人の女性が自分の鞄には鍵がかけられていなかったのに、どうして切り裂かれてしまったのかと「おかしいな」と一瞬感じたという。しかし、結局は誰もそれ以上は疑わず、ただ荷物の中身がそろっていたということだけで満足してしまったようだ。しかし、海外の空港では、「見知らぬ他人の荷物をもっていないか。自分で荷造りを行ったか」という類の質問をされることも珍しくなく、目を離したすきに、他人が自分の荷物に違反物を忍ばせるということも日常茶飯事である。とにかく、自分の荷物から目を離さないという鉄則は守りたいものだ。

また、税関で嫌疑をかけられ、取り調べを受けたときには、5人の日本人旅行者に対して1人の、それもあまり優秀とはいえないような通訳者しかいなかったということだが、このようなときには、人権侵害をしっかり申し立て、自分の満足できるような通訳者を求め、それがかなわないなら、黙秘権を行使するなど、確固とした態度で挑む必要があっただろう。英語がまったくできな

くても，相手が自分の話す言葉をどの程度把握できているかはわかるだろうし，相手が自分に語りかけてくる日本語によってももちろん相手の流暢さが判断できるだろう。もし，通訳者が信頼できないと判断した時点ですぐにその通訳者の交代を要求していれば，ここまでひどい事態にはならなかったのではないだろうか。

『ザ・スクープ』では，今後とりうる方策として，国際連合の人権救済委員会に訴え出たうえで，オーストラリア政府に裁判のやり直しを求めるという方法を紹介していたが，彼らが刑務所で過ごした10年間はもう戻ってこない。こんな悲劇を繰り返さないためにも，一度日本の外に出れば，誰も守ってはくれず，また安全は自分の努力によって勝ち取るべきものであるということを肝に銘じておく必要があるだろう。実際，海外旅行先で，やってもいない万引きや窃盗の罪を着せられたにもかかわらず，無実の訴えがしっかりできるほどの言語力がなかったために有罪になってしまったという笑えないような経験をして帰国する者が後を絶たない。いくら旅行といえども「どこに行っても安全」という日本的感覚は通じないことも忘れてはならない。　　　　　　　　［H］

課題　調べてみよう

　空港，観光スポット，レストラン，免税店などで日本人旅行者がしばしば被害にあっている。どのような被害があり，どうしてそのような被害を被るのかについて，外務省の海外安全ホームページを利用して国別，都市別に調べてみよう。また，被害にあわないためにはどのような態度が求められるのかも考えてみよう。

＜コラム　コミュニケーションとしてのチップ＞

　欧米の高級レストランなどで払うチップは一般的にかかった料金の 15〜20 ％ といわれるが，チップになれないと，どうも無駄にみえて仕方がない人が多いかもしれない。しかし，ある程度のチップは必要経費と考えるべきだろう。というのは，ウエイトレスやウエイターの時給は低く，チップに収入の大部分を依存することが普通であるためだ。しかし，その割合はあくまで客がホスト側のサービスをどう思ったかで自由に決めてよいもので，ある意味でホストとゲストの間のコミュニケーションの質を反映しているとも考えられる。

　チップについて付け加えると，日本人観光客が大挙して押しかける観光地のレストランでは，あまりに多くの日本人観光客がチップを置き忘れるために，彼らだけに照準を合わせて，勘定書の中に 15 ％ のサービス料を含めているところもあるので注意が必要だ。海外では自分 1 人ではわからないことが多いので，不安な際は例えばホテルのロビーでデスクをかまえるコンシェルジェ（concierge, よろず相談マネジャー）に尋ねるのも方法であろう。

　ホテルやレストランなど，それぞれの格が上がれば上がるほど，チップには相当な額を払うことが期待される。これは国によっても違うし，場合によってはその判断は現地の人々でも難しいこともあるだろう。例えば，食事の形式がビュッフェ方式の場合はほとんどセルフサービスなので，一般的にはチップをあまり出す必要はない。とはいえ，一流ホテルでのビュッフェは普通のレストラン並みのチップが必要なところも多い。また，チェックインの際にスーツケースをもってもらったベルボーイにチップを忘れると，礼を失することになる。相手とのコミュニケーションの表現としてのチップの出し方には，現地の習慣を重視した繊細さが求められる。

ケース 4 | 生牡蠣で吐き気

　大阪府に住む上原さん夫妻は，毎年のようにハワイを訪れていた。常夏の海の青さや目にしみるほどの木々や芝生の緑といったことだけではない。ゆったりと流れる時間とアロハ・スピリットにあふれたハワイのもつ独特の雰囲気がとても気に入っていたからである。今回の滞在は，ワイキキ・ビーチに面し，ダイヤモンドヘッドを一望できる一流ホテルである。チェックイン後いつものように部屋で少し仮眠をとった後，夫妻はホテル内の日本食レストランに出かけて昼食をとった。ところが，部屋に戻って1時間ほどして突然夫人が吐き気をもよおした。その後も吐き気は治まらず，夜にはひどい下痢にも悩まされた。あまりに苦しそうな奥さんの姿をみかねて，上原さんはついに夜中にフロントに電話をし，このことを伝えた。するとホテル側は生牡蠣が原因であると認め，医者にかかる場合は費用を出すと言ってきた。そして，胃がすっきりするなら，ということでセブンアップ2本をルームサービスでもってきた。

　結局，夫人は一晩中吐き気や下痢に悩まされた。にもかかわらず，後から部屋にやってきたマネジャーはあまり申し訳なさそうな表情もみせず，不親切で，しかも，そこまで騒ぎ立てる必要もないのにといった様子で，自分たちを見下したような態度であった。この不誠実な対応に心底腹が立った上原さんは，帰国前，ホテルからお見舞いに届いたジュースの詰め合わせも突き返してしまった。これまで好きだったハワイであったが，これでハワイも卒業したような気分になった。

　　　（参考：『ワイキキビーチプレス』2001年8月17日～31日）

設 問

上原さん夫妻に対するホテル側の態度をどうみればよいだろうか。

考 察

上原さん夫妻の心情は理解できるとしても、ホテル側に落ち度があったとはいいにくい。ホテル側としてはもちろん必要な対応措置を十分にとったと考えているであろう。生牡蠣があたったということが判明した際、ホテル側は責任を認めて医療費は全額支払うと言っているのだから、上原夫人はすぐ病院に行って診てもらうべきだったのではないだろうか。自分ではどうしてよいかわからなくても、ホテルに尋ねてみれば、一流ホテルなのだから日本語の通じる病院を紹介してくれるであろうし、交渉さえすればタクシー代も出してくれるはずである。ホテル側の対応が医療費の負担以外にセブンアップ2本だけというのは、確かに寂しいが、それ以上方法が思いつかなかったのかもしれない。

また、滞在の最終日にホテル側からジュースの詰め合わせが贈られたとき、上原さん夫妻はそれを突き返したが、相手はそれをどう受け取ったであろうか。日本人は本当に怒ったとき、言葉にしないで突き返す、といった行為でその怒りを表現することがあるが、このような場ではボーイがそれを受け取って、マネジャーに「彼らは受け取りませんでした」と報告する程度であろう。日本では「お客様は神様」といわれ、どのような事情であれ、客に少しでも迷惑がかかるようなことがあれば、サービスを提供する側は丁寧な謝罪はもちろん、滞在の期間中最大限の補償あるいはサービスをしようとする。そのような考え方のないアメリカにおいて日本で受けるのと同じような謝罪を相手に期待することは無

理である。訴訟になったときに謝罪をしていると大変不利になるということも関係しているかもしれない。このような場合に大切なことは，自分が思ったことや相手にしてほしいことを遠慮しないで相手にしっかり言葉で伝えることではないだろうか。

課　題　体験学習＆グループ・ディスカッション

自分のまったく知らない言語で製作された映画を字幕なしでみてみよう。登場人物の表情，視線の使い方，ジェスチャーなどの非言語コミュニケーションに注目し，視聴後気づいたことについて，グループで話し合おう。

留　意　点

お客様は神様ではない!?

海外から日本にやってきた外国人が最初に感激するのは，お店やホテルなどどこに行ってもものすごく丁寧に遇されることだ。世界広しといえども，ここまで「お客様は神様」が徹底しているところは珍しいといわれるほどである。そんな日本にずっと住んでいると知らず知らずのうちに身に付くのが，「お客様は神様」だという思い込みであり，海外に行って違和感を感じたり，怒りを感じるのが，お客様として当然の扱いを受けることができないことだろう。

この「お客様は神様」の背後にある考えには人間に上下関係があることを所与のこととして，客となったものはサービスを与えるものより上の立場にあるという考えであろう。ところが，アメリカなどでは，文化的建前は「人間は平等」となる。したがって，客であろうが，上司であろうが，部下であろうが，基本的な建前

としてはお互いにあたかも上下関係がないふりをするのがよいことになる。そのような建前に従って行動していると，例えば「ファーストネームで呼んでくれ」と立派な教授が生徒に向かって言うなどということも起こりうることになるし，当然のようにサービスを与える者は客に対してもへりくだるということはない。逆に変にへりくだりすぎるのは，人間としての尊厳を保っていないという解釈になる。よって，例えば飲み物にハエが入っていたとしても，日本のように深々と頭を下げて，「申し訳ございません」などと謝罪することはまず考えられず，せいぜい「取り換えてあげるわ」と明るく言って新しい飲み物をもってくる程度となろう。海外に行って，客としての恭しい処遇を受けないといって怒っているようでは，自文化中心主義（終章参照）の罠にはまっていることになる。そうならないように気をつけたいものだ。　　[H]

気後れは禁物

　日本人旅行者の行くところ，どこへ行っても日本語で話しかけられることが多くなった。それだけに，いざ日本語が通じないところに行くとなると，萎縮してしまい，現地の人々と交渉もできずに，相手の言うままになって，利用されたり，ぼられたりすることがしばしばである。そんなときには，ものおじしないで，確認するなり，こちらの意見をしっかり主張することである。もちろん，少しでも現地の言葉を話すだけで，相手の態度がきわめて好意的になることもあり，「はい」や「いいえ」といった必要最低限の言葉や挨拶くらいは覚えていくことが必要であろう。しかし，犯罪やトラブルに巻き込まれたりしたときは，言葉がわからないからといって黙ってしまうよりは日本語でまくしたてたり，知っている現地語を使って片言でもいいから怒っていることを表

現するなど，臨機応変の対応が求められよう。

安全神話からの脱却

　海外旅行に出かける大学生にいつも注意することは，できるだけ質素な服装をして，いかにも金がないような印象を与えるようにせよ，ということである。日本人かどうかは現地の人々には一瞬にしてわかり，日本人は現金をたくさんもっていて，買い物が大好きであるということは十分知れわたっている。しかも，他人に対する警戒心がない，とあっては，日本人観光客が狙われても何の不思議もない。せっかく，目立たない格好をしているのに，もっている鞄がブランド品であるとか，ブランド物の紙袋をいくつも無防備にぶらさげているということがときどきみられる。こうなると，「さあ，とってください」といって街を歩いているようなものである。街を歩いていても大変なことが起きるとは考えないのが日本人観光客なのであろう。

　また，1人で歩いているときなどに，呼び止められてお金を要求されたらどうすればよいか，といった具体的な状況を頭の中で描いておくことが必要であるし，また，緊急の場合のことを考えて訪問国の日本領事館や旅行社の電話番号などを前もって調べておき，二重三重の安全対策をとっておくことが何よりも求められる。外務省の海外安全ホームページには国や地域ごとに具体的な犯罪例やその対策などがくわしく載っている。海外旅行に行くなら出発前にはくまなくチェックして，まさかのときに備えよう。

　外務省海外安全ホームページ

　http://www.pubanzen.mofa.go.jp/riskmap

第 III 部

国際舞台で起きる摩擦

　第III部は，国の内外で起きているさまざまな交流活動の諸相を，国際交渉と国際協力およびマスメディアとパーセプション・ギャップの3章に分けて考察する。第7章，第8章では，日本の国家や組織を代表する人々が外国の人々に誤解されたり，効果的に説得できなかった失敗やすれ違いの事例を取り上げる。また，第9章では，主としてメディアを通して地域間やグループ間で大きな認識の差異が生まれた事例を通して，異文化摩擦や軋轢の問題を考えたい。

ウガンダの学校にて，生徒たちと談笑
（写真提供：冨岡美穂）

ウガンダの青年海外協力隊員が共同で開催した理科実験ツアーで，シャボン玉を披露
（写真提供：大下知慶）

ブルキナファッソにて，現地の人たちに保健指導
（写真提供：小林幸子）

第7章

国際交渉

交渉とは

　交渉とは「利害関係のある2つ（もしくはそれ以上）のグループ（あるいは個人）が，双方の利益を最大限に，損失を最小限にするためのコミュニケーション・プロセス」（御手洗, 2003）である。交渉という言葉は英語の negotiation を訳した言葉だが，それはもともとラテン語の neg（……でない）と otium（安楽, 余暇）からきたといわれている。つまり交渉するというのは「穏やかな状態ではない」ということを表している。日本では，「交渉」という言葉こそあるが，そのコンセプトはなきに等しいとも指摘されることがある。確かに，日本の社会では交渉といってもできうるならばそれを回避したいという心情の方が強く，利害が真っ向から対立するような状況でも，双方が自己の主張を口に出して強く押し出すという伝統があるとはいえないだろう。にもかかわらず，現代では個人の生活レベルでも社会関係でも利害が衝突し，関係者双方にとって望ましい方向に向けて解決法を模索する必要性がしばしば生じている。つまり，好むと好まざるとにかかわらず，私たちは何らかの形で，もはや交渉と無関係に生きていくことは不可能な状態となっている。もちろん，国家としての日本もそうである。

戦後の日本外交

　第二次世界大戦後，日本はまったくの廃墟からの再出発となった。憲法，教育制度から映画，音楽，食べ物までアメリカ文明のありとあらゆるものが紹介され，まさにアメリカ一色といえる状況が続いた。1960年代にはようやく沖縄の返還が日米交渉のテーブルに上り，1972年には返還されることになったが，実質的なアメリカ軍基地の使用はそのまま存続するという中途半端な形での返還となり，現在でもアメリカ軍基地やそこに滞在するアメリカ兵にまつわる問題が後を絶たない。

　一方で日本は戦争中に被害を与えた国々にさまざまな補償をしてきたが，それでも周辺諸国からは教科書問題や靖国神社の首相参拝などで激しく批判され，戦争の清算が完全になされたとは言い難い状態が続いている。そのほか，ロシアとの北方領土問題，韓国との竹島（独島〔ドクト〕）問題，北朝鮮との拉致問題，環境，軍縮，テロ，その他の問題で日本は関係各国との交渉に参加しているが，なかなか思ったような成果を挙げることもできず，また自国の利害を左右する本格的な外交交渉に国家としての基本的立場や戦略が今ひとつみえてこないなど，その外交手腕については問題点が数多く指摘されている。そうしたなか，経済大国としてことあるごとに「国際貢献」が求められるようになり，その舵とりはさらに難しくなっている。

交渉の準備

　二国間や多国間で交渉が行われるときには，まずどこの国のどの都市，地域で行われるかという交渉の場が問題になる。例えば，ここ数年来のアメリカ，日本，中国，韓国，ロシア，北朝鮮による6カ国協議はいつも北京で開催されているが，これは北朝鮮と

オリンピック招致活動の会場風景（スイス・ローザンヌ）

他国との間の仲介役を中国が果たしているからである。また，主要国首脳会議（G8サミット）では毎年開催国が交代するが，開催国の中でも特にふさわしい会議施設，環境をもっている都市，地域が選定され，その模様が世界中で報道される。このように交渉の場を提供すること自体が世界へのメッセージの発信であり，交渉の行方に大きな役割を果たすとも考えられる。

また，実際の交渉が始まる何カ月も前から，関係国間では交渉の準備折衝が行われる。交渉の場を提供するホスト側になれば，会議場の決定はいうまでもないが，会議場での代表団の座席の位置の確定などについても慎重に考慮しなければならない。そして交渉期間や交渉スケジュールの策定，参加者の宿泊施設，通訳者の手配，さらには交渉終了後の記者会見の設定など，交渉を成功裏に終わらせるために，相手先とのさまざまな折衝，調整をして周到な準備がなされる。ときによってはそのような準備の段階で交渉がほとんど決着し，代表による交渉は儀礼的なものになることもあるが，一般的にはトップ同士の交渉で予想外の結果となる

こともあり，予断を許さない。つまり，ほとんどの国際交渉では交渉代表者の交渉力が問われることになる。

> **ケース1** 湾岸危機時の日米交渉

イラン・イラク戦争の終結後，深刻な経済危機に陥っていたイラクとクウェートは互いに石油の権益などをめぐって対立が続いていた。そうしたなか，1990年8月2日にイラクは突然大規模な地上部隊を投入してクウェート領に侵攻し，湾岸危機といわれる事態に陥った。アメリカはただちに国際連合に緊急安全保障理事会の招集を要請し，即日，安全保障理事会はイラク軍の即時撤収を求める決議案660号を可決し，さらに8月6日にはイラクへの経済制裁勧告661号を成立させた。

アメリカはイラクの海外資産をすべて凍結し，8月6日にはイラクへの全面禁輸措置をとり，日本ばかりでなく，西欧諸国も同様の経済制裁を断行した。しかし，イラクのサダム・フセイン大統領はクウェートから軍を撤退させるどころか，8月8日にクウェートのイラクへの併合声明を出した。その声明に対抗するようにアメリカはすぐさま国際連合に働きかけ，イギリス，ドイツ，フランスなどとともに多国籍軍を結成し，サウジアラビアに20万人の軍を展開することを表明した。

そんな騒動の中の8月14日，アメリカのブッシュ大統領は海部首相に電話をかけ，ペルシャ湾への掃海艇や給油艇の派遣など日本の貢献を要請した。首相は平和憲法，国会決議などさまざまな制約のためその要請に応えるのは難しいと答えたが，大統領は法的な制約に関わらない分野での支援を要請した。また，同日アマコスト駐日大使も自民党の実力者小沢一郎幹事長に会い，多国

籍軍の後方支援を中心にできるだけ目にみえる「人的貢献」をすることを強く要請した。8月20日頃までの日米の事務レベルでの折衝を通じて明らかになったのは、このアメリカ側が求めていた「人的貢献」とは掃海艇の派遣よりもむしろアメリカ軍のサウジアラビアへの輸送に対する援助であったという。その要請には対応できなかったものの、海部首相は8月29日に記者会見を行い、物資協力、医療チームの派遣などを含む日本の中東貢献策を発表し、ついで翌日には官房長官が10億ドルの資金協力をすることを発表した。また、そのわずか2週間後には新たに30億ドルの追加支援をすると発表した。

このような多額の追加支援にもかかわらず、9月29日にニューヨークで行われた日米首脳会談において、ブッシュ大統領は日本に対してさらに新たな支援策を打ち出すことを求めてきた。帰国後、大統領の意向をくんだ首相は、自衛隊員を海外に派遣するための道筋をつけるべく国連平和協力法案を準備し国会を開催したが、この危機に対して日本が国際的にいかなる貢献をすべきかについての合意に至らず、結局11月12日に政府案は廃案となった。NHKが行った調査によると、世論の3分の2は、日本が世界へ貢献する方法は、平和憲法に従って、非軍事的な分野に限定すべきであるという意見であった。つまり首相は国会においても、国民に対しても自らの思いを通すことができなかったことになる。

11月19日、国際連合安全保障理事会はイラクに対しての最後通牒ともいえる決議を採択し、1991年1月15日までにクウェートから撤退しない場合、武力行使を含む「あらゆる必要な手段」を講ずると通告した。日本政府は、戦争は回避されると予想していたが、その甘い予想を裏切るかのように、1月15日に通告通り戦争は開始された。1月17日には多国籍軍が本格的軍事行動

「砂漠の嵐」作戦を開始し，バグダッドを中心に全土にわたって空爆や巡航ミサイル発射による波状攻撃を行った。その結果，戦争は開始早々1カ月あまりの2月27日に終結した。にもかかわらず，日本の国会ではさらに90億ドルの追加支援が決定し，支援総額はなんと計130億ドルに上った。結局，アメリカ政府の要請で掃海艇もペルシャ湾に派遣されたのだが，当のアメリカだけでなく，戦争に協力した国々はもちろん，侵略を受けたクウェートの日本に対する不信感もぬぐいきれず，日本は国際的な孤立状態に陥ってしまった。

設問

日本は130億ドルもの支援額を拠出し多大な貢献をしたのに，どうして海外で評価されなかったのだろうか。

考察

イラクがクウェートに侵攻してから戦争が終結するまで，日本政府は精一杯の貢献を行った。それにもかかわらず，アメリカ政府内では，日本の行動と対応ぶりにいらいらと不信感をつのらせたと報道されている。ここでは，その理由を3つに絞って考えてみたい。

まず，最も大きなすれ違いのもととなったのが，日米の首相と大統領に与えられた権限領域の違いといえよう。つまり，かなり大きな裁量権を与えられているアメリカ大統領と違って，日本の首相には自衛隊の海外派遣のような重要事項に対する決定権がない。ある政策を決定して実行に移すとなると少なくとも臨時閣議を開いて，関係省庁の長官と協議し，閣議の合意を得なければならないし，今回のような大きな決定には国会での承認が必要だ。

そのような政策実行過程の違いがあったことはもちろんアメリカ側も知っていただろうが，戦争という緊急の事態に際しての要請に対しても素早い対応ができなかったばかりか，提出した政府案も国会で廃案となるなど，いざというときにリーダーシップを発揮できず，頼りにならないパートナーというイメージを与えてしまったことが理由の1つとして考えられる。

次に，日米両国民の一般的な時間感覚の違いについて考えてみたい。首相に決定権がなく，対応が遅れたことについては先に指摘したが，その対応の遅れがアメリカ側では，日本側が想像できないほど悪い印象を与えていたようである。一般的な文化の型として，アメリカ社会は「行動志向」が強く，社会で評価されるのは迅速な行動力を示すことができる人である。つまり，人から高い評価を得るためには，人は絶えず果敢に行動し，目にみえる形で何かを成し遂げなくてはならない。対する日本では，素早く行動に移したり，早口で口数が多いといったアメリカで高く評価されるような目にみえる行為に訴える人よりもむしろ沈思黙考型で，じっくり物事に取り組むような人物が高く評価されるような社会といえよう。よって，日本的にはこのような重要案件を決めるにはあたり前ともいえるような時間が，アメリカ側にしてみれば「異常に遅く」感じられ，また迅速に行動に移すことができない日本の首相は「無能だ」といった印象を与えてしまったのだろう。

最後に，ブッシュ大統領と海部首相との間のコミュニケーション・スタイルの違いに焦点を当てて考えてみたい。まず，ブッシュ大統領から電話でさまざまな要請があった際，海部首相はその場ではすぐ判断できないものに対しては，「検討しておきます」とか「何ができるかを検討します」といった曖昧な返事をしたと伝えられている（高杉，1992）。海部首相としては，それでも，ど

うしても無理な要請だと思った場合ははっきり断ったつもりだったようだが，実際には，大統領には明確に伝わらなかったことも多々あったようである。このような首相の曖昧なコミュニケーション・スタイルは白黒をはっきりとつける傾向のあるアメリカ大統領には大変わかりにくく，そこから生じた誤解も彼らのいらいらをつのらせた原因の1つであろう。

この例の場合，協力するのかしないのかはっきりしないまま，いたずらに時間が過ぎてしまい，結局日本はアメリカに言われるままにお金だけを出し続けた。最終的には，アメリカの要請通りに掃海艇を派遣したものの，「そんな簡単なこと」にあまりにも時間がかかりすぎ，また行動に一貫性もなく，説明も十分にできなかったということで国際的にもすっかり信用をなくしてしまったといえよう。日本がもし，アメリカからの要請に対して，協力する意向があるのかないのかを迅速に表明し，また，協力できないなら協力できないとしっかりと理由をつけて表明することができていれば，日本に対する諸外国の対応も違っていたのではないだろうか。また，根本的なところでいえば，世界的な危機状況に際し，日本は国としてどのような役割を果たすべきなのかということに対しての理念が欠落していたこと，そしてそれが日本の政策決定者にも如実に反映されていたことが問題の根底にあるといえよう。このような事例を教訓として今後にしっかり生かしたいものである。

課題　リサーチ&ディスカッション

インターネットを使って過去の日米交渉の失敗例について調べてみよう。それらの失敗例の中から学ぶことは何かあるのか，あるとすればどんなことかを話し合ってみよう。

＜コラム　異文化コミュニケーション能力とは＞

　異文化コミュニケーションを効果的かつ，適切に執り行うことができる能力である，異文化コミュニケーション能力（intercultural competence）があるとはどんなことを意味するのだろうか。この能力が何を意味するのかについては，現在までいろいろな研究が行われてさまざまな理論が出されているが，ここではグディカンストとキム（Gudykunst & Kim, 1993）の研究結果をもとに簡単にまとめてみる。彼らは，異文化コミュニケーション能力の要因を動機，すなわちコミュニケーションの意欲と，知識，スキルの3つの側面に整理している。まず，コミュニケーションの意欲と関連のある項目としては，不安感の払拭，集団への所属，自尊心の維持等のさまざまな基本的欲求を挙げ，これらの欲求が充足されることが必要であると指摘している。つまり，異文化の相手とのコミュニケーションにおいては，コミュニケーションを始める前に，これらの欲求が満たされにくいだろうと考えてしまい，相手を前にして尻込みしてしまうといった具合に動機そのものが低いのが問題であり，大切なのは相手とコミュニケーションをとりたいという意欲をもつことになろう。

　次に知識については，コミュニケーションの相手に対する情報入手方法や，自分と相手との差異ばかりでなく相手と自分との共通点に関する知識，物事には自分の解釈だけではなく，別の解釈が成り立つことを理解すること等が必要事項として挙げられている。つまり，異文化の相手を前にした場合，異なっている部分にばかり目が行きがちであるが，年齢や性別，趣味，価値観，職業や社会階層など共通点をみつける努力も必要となる。そうすれば，人種や国籍の違いにとらわれず「個人」としての相手の姿がみえてくるからだ。とはいえ，やはりお互いに「文化」の影響を受けているということを忘れないようにすることも必要だ。そうでなければ，日本という文化に影響を受けている自分の解釈を勝手に相手にあてはめて理解するという罠に陥ってしまうことになろう。

最後にスキルに関しては，相手とのコミュニケーションにおいて心を配っていること（まるで，自動操縦モードであるかのように，「心ここにあらず」の状態で相手に対峙しないこと！），異文化の人とのコミュニケーションに際して生じる曖昧な状況に対する耐性があること，大きな不安を感じたり，無関心であったりせず，平常心でいられること，自分の行動を状況や相手に合わせて適応させることができること，そして，異文化の相手とのコミュニケーションに対してむやみに高すぎたり，また，低すぎたりしない適度な期待感をもち，相手の行動を適切に説明することができること等の能力が挙げられている。これらのことは一見簡単そうにみえて実はけっこう難しい。国の違いだけでなく，性や年齢，居住地域の違いなど身のまわりにいつも存在している相手との異文化コミュニケーションについてももちろん適用可能だ。ぜひ，うまくいかない相手とのコミュニケーションを思い出して，これらの能力が自分に備わっているのか考えてみてはいかがだろうか。

[H]

ケース2　露と消えた名古屋オリンピック

　1981年9月，西ドイツのバーデン・バーデンで開かれた国際オリンピック委員会（IOC）の総会では1988年の夏季オリンピック大会の開催地が投票によって決まろうとしていた。名古屋，ソウル，メルボルン，リオデジャネイロなど数多くの都市が招致に動いたが，経済的，政治的その他の理由で辞退する都市も多く，残ったのはソウルと名古屋だけだった。ソウルは，名古屋よりも数年遅れて候補地として名乗りを挙げており，名古屋に比べると招致活動の点で不利だといわれていた。そのうえ，韓国の経済力，組織運営力などへの疑問，さらには朝鮮半島では国が分断していて

ることもあり，オリンピックを平和裏に行いたいという IOC の期待には添えないだろうなどの憶測から，日本のマスメディアは名古屋が圧倒的に有利だと伝えていた。そんななか，名古屋市からは政府や地元の高官などを中心とした 47 名の大招致団が最後の招致活動を行うために現地入りした。一方，ソウル市からは英語に精通している若い外交官やスポーツ団体の代表，新聞記者など 30 名の代表が派遣されていた。

　圧倒的有利という呼び声もあってか，名古屋市の展示ブースは簡素で地味なものであった。名古屋市紹介の 48 枚のパネルが壁に掛けられ，中央にはメインスタジアムの模型，そのほかには，岐阜提灯が下げられていたり，床の間らしい空間に「名古屋」と書かれた掛け軸が飾ってあるなど，「日本らしさ」を前面に押し出した展示となっていたのだった。一方，ソウルの展示は，そんな簡素な名古屋の展示とは対照的なものとなっていた。ソウルのスポーツ，文化施設を写した 200 以上のパネルのほかに，中央にはソウル国立スポーツセンターの立派な模型が置かれ，隅に配置された大きなテレビ画面にはソウルの競技施設が次々に映し出されていた。また，会場では，韓国からやってきたと思われる美しく着飾った女性たちがパンフレットと一緒に，バッジ，文鎮，うちわなどのプレゼントを気前よく配っていたという。実際，地元の新聞は，ソウルの展示は色とりどりで魅力的だが，名古屋の展示は簡素でつまらないと伝えていた。

　問題のプレゼンテーションはくじ引きにより，名古屋が午後 3 時から，ソウルが午後 4 時 30 分から行うことになった。選ばれた 6 名の代表が IOC の委員 79 名を対象にスピーチを行い，その後委員たちが投票によって開催都市を決定するという仕組みになっていた。最初にスピーチを行った名古屋は，まず 6 名の代表の

紹介の後，名古屋紹介の映像（14分）を上映し，その後には，招致団代表の東龍太郎氏の録音メッセージ（約2分間）が流された。東氏のメッセージは，80歳という高齢のうえ，健康上の理由で会場に行けなかったことを残念に思うが，自分の存命中に母国でオリンピックが開催されることを切に願っているという内容のものだった。その後に続いた実行委員長の三宅氏は，「東氏が十分名古屋市民の希望や期待感を伝えたと思う」と言い，競技施設，宿泊施設，交通，資金調達など具体的な話にすぐ入ってしまった。そのうえ，三宅氏のスピーチの中では，日本ではすでに東京オリンピックと札幌冬期オリンピックを開いているという経験があることや，安全性を強調したのみで，名古屋で開催する明確な理由はアピールできなかった。

　一方，ソウルのプレゼンテーションはソウル市長の朴英秀(パクヨンス)氏の熱のこもった韓国語のスピーチで始まったが，続くオリンピック委員会委員長 曹相高(チョーサンコ)氏のスピーチは，英語で行われた。曹氏は，具体的になぜソウルの方が適切であるかという理由を挙げ，詳細に説明したばかりか，政治的安定度のなさといういわば自分たちの弱点に焦点をあて，むしろそれを利用するような巧みなレトリックで切り抜けた。つまり，オリンピックを開催することによっ

て，平和を実現するという意義を強調したのだった。これは，日本側が，ただ「日本は政治的に安定した国です。……世界で最も安全な国で……」などと自慢げに言い，かえってひんしゅくを買ってしまったのとは大きな違いといえよう。

結局，投票結果は52対29票という大差でソウルに軍配が上がった。名古屋側にとってはまったく予想外であり，名古屋キャッスルホテルで，くす玉を用意して勝利を確信していた知事，市長など関係者のショックは計り知れないものであった。

(参考：Kume, 1984)

設 問

この事例をもとに，国際的な場におけるプレゼンテーションで求められることは何かを考えてみよう。

考 察

国際連合やこの例のIOCのように国際機関においては，さまざまな文化背景をもつ成員が集まって物事を決めていかなければならない。そのような場においては，各成員がもち込む文化と文化のせめぎ合いとなるが，しかし，各組織は組織として機能するため，各成員の違いを超越した何らかの共通の価値観や理念を核としてまとまっていることが考えられる。この例であれば，IOCの核となっているのは，オリンピック開催の意義ではないだろうか。そうなると，説得のためのスピーチで最も効果的な方策は，オリンピック開催の本来の意義，つまり交流を通した平和の実現への寄与を強調することとなろう。その意味では，ソウルはきわめて効果的な説得行動ができていたといえよう。

名古屋のプレゼンテーションはこの一番大切なポイントが抜け

ていただけではなく，ほかにも問題点があった。まず，最初に全員の紹介を行った後，すぐ14分間も映像をだらだらと流してしまったのは，単調な印象を与えたことだろう。この映像の放映の後，また本人ではなく，録音したメッセージが流されたというのも熱意に欠ける印象を与え，マイナスであったといえよう。また，流されたメッセージの内容は「80歳という高齢にもかかわらず，旧友から説得を受け，団長に就任した」という個人的な内容で，「私に名古屋オリンピックをみせてほしい」といったように，どちらかといえば，個人の感情に訴えるといった内容となっていた。個人的に相手に訴えるという方策がよいという場合もあろうが，このような公の場で，しかもオリンピックの招致という目的であれば，あまり薦められる方法とはいえないであろう。また，日本的な考えでは，何事も控えめでおおげさを嫌うということになろうが，国際的な場においては，この控えめというのはマイナスとなることの方が多い。この例でも，現地の新聞報道で名古屋の展示やプレゼンテーションは「平板」だとあまり評判がよくなかったようだ。

　説得行動においては，「人みな同じ」的発想はあまり通用しないと思った方が賢明であろう。まず，聞き手はどのような価値観をもち，何が大切なのかといった分析に基づき，そのうえで，何をどのように言えばよいのかを冷静に分析し，判断することが求められる。例えば，スピーチの内容に関しては，まず，長所を打ち出すのか，聴き手の感情に訴えかけるのか，それとも具体的な例示をするのかなど，用いるべき論証方法について考えておかなければならない。実際のスピーチにあたっても，声の調子，話す速さから，アイコンタクトのとり方，顔の表情など，スピーチの効果を高めるために考慮すべき点はたくさんある。アイコンタク

トひとつとっても，例えば就職面接を模したアメリカの研究では，面接者とほとんど視線を交わさない被面接者の場合は，時間の8割程度のアイコンタクトをとった被面接者と比べると隠しごとがある，自信がないなどととられ，非常に印象が悪いということが明らかにされている。つまり，アメリカ人を相手にするような場合，相手の顔をほぼみつめ続けるくらいの気持ちで望むくらいがちょうどよいということになる。ところ変わればよい態度も変わるということで，さまざまな文化背景の人々が入り交じる国際的な場に際しては，臨機応変に行動することが求められよう。

課 題 **レトリック分析**

政治家が行ったスピーチの原文やビデオを入手して，聴衆の側からの「わかりやすさ」を主として，それらを分析，批評してみよう。言いたいことを効果的に伝えるためにどんな工夫がされているだろうか。また，話し方や言葉づかい，言葉の選択などは聴衆の側からすれば，適切といえるだろうか。問題箇所があればどのように言い直せばよいのか，具体的に提案しよう。

ケース 3 │ 捕鯨の再開は不可能？

1972年国際連合による世界初の人間環境会議がストックホルムで開かれた。そこで，アメリカの代表は突如，10年間の期限付きで商業捕鯨の全面禁止の提案を行い，日本代表を驚かせた。その後もその点では一貫した立場を堅持したアメリカは，1982年に開かれた国際捕鯨委員会（IWC）で，商業捕鯨は全面的に禁止すべきだと再び強く訴えた。アメリカを中心とする反捕鯨勢力による非捕鯨国，非漁業国への熱心な働きかけにより，IWC新

＜コラム　国際ビジネス交渉＞

　経済のグローバル化が着実に進行している現在，多国籍企業の仲間入りをして全世界にその活動の拠点をおく日本企業が増加している。また，国内に拠点をおく企業であっても，外国企業との合併・提携や合弁会社の設立，総代理店契約，さらには製造技術の特許に関するライセンシング契約など，ありとあらゆるビジネス交渉に日本人が関わるようになってきた。ビジネス交渉を成功させるためには，まず，交渉目的が当事者間で明快に了解されていることが求められるが，異文化間ではこの点でさえ，後から検証すると大きな隔たりがあったことが判明することもあるようだ。

　交渉をコミュニケーションの視点からみると，交渉者に「デジタル型」と「アナログ型」があるとよく指摘される（林，1994；御手洗，2003）。デジタル型は客観的で，分析型で，タスク思考で論理的な説得によるコミュニケーションをとるのに対し，アナログ型は直観的で，全体としての物事を見て，人間関係を重視する傾向がある。林によると日本人ビジネスマンのほとんどはアナログ型だが，欧米ではデジタル型が多いという。もちろん，欧米といっても，それぞれの地域，民族あるいは個人で交渉スタイルには違いがあるので，交渉には相当な柔軟性をもって臨むことが要求される。

　次に，交渉の進め方においては，基本的な交渉戦略をもっていることが大切である。しかし，実際には主張の根拠となる理由づけ，条件提示などの過程において交渉の決め手になる事柄が必ずしも自分たちが考える合理的な基準に基づくものではないこともあることを覚悟しておく必要があるだろう。場合によっては，相手が予想外の歴史的，倫理的，原理原則的な視点から迫ってくるかもしれないからである。そのために，いかにして相手を納得させられるかという「説得のための方法」とその方法を現実に進めるための「効果的なプレゼンテーション」が必要となる。

　しかし，準備を万端にし，プレゼンテーションがうまくいった

と思っても,これで交渉は終わらない。例えば,相手との駆け引きで大幅に妥協しなければならないこともあるだろう。日本では相手との共通点を強調しながら妥協点を探る情緒的アプローチが好まれることが多いが,外国では両者の受け入れ条件に大きな開きがあることを前提とし,そこからどれだけ妥協するかという対決型アプローチの方がより一般的である。日本のプロ野球選手がメジャーリーグに移籍し,球団と交渉する際に現地で雇った交渉代理人のアプローチなどがまさにその典型的な例である。反対に,交渉といえばいつも宴会が一番先に来るといった韓国や中国,そして日本のビジネス交渉のように,交渉相手を信用できるかどうかの見極めが大切という考え方のところもある。しかし,このようなやり方はいつでも効果的とはいえず,アメリカをはじめとする「効率主義」を尊ぶ国々では逆に「やる気のなさ」をアピールしてしまうなどの逆効果となることもある。

　また,うまく契約までこぎつけたとしても,契約とその履行に関する問題が横たわる。例えば,契約後,実際に問題が生じても,日本の会社同士であれば,契約書に盛り込まれていない状態が生じた場合は,両者が「誠意」をもって話し合って解決すればよいと考えるのが一般的であるため,あまり契約書にきめ細かな事項を盛り込まないことが多い。しかし,異文化の相手との契約では「誠意」自体の解釈についての合意をみることさえ難しい。国際ビジネス交渉にあたっては,日本の商習慣が相手国にとっては「非常識」であると捉えられる可能性が高いということを肝に銘じるべきだろう。

規加盟国は過去10年間で25カ国も増えており,結果,賛成25,反対7,棄権5という大差で商業捕鯨全面禁止が決議されることとなった。日本は即座にこの決議に対し,異議申し立てを行ったものの,アメリカはパックウッド・マグナソン法の発動をちらつかせ,この異議申し立ての撤回を迫ってきた。このパックウッ

ド・マグナソン法が発動されれば，日本はアメリカの周辺200海里内での漁業割り当てを削減されることとなり，当時スケトウダラなど140万トンの魚をその海域で獲っていた日本としては大きな打撃となることが明らかだった。結局，日本は泣く泣くその異議申し立てを撤回することになり，結果的に，日本に認められたのは，ミンククジラなどの生息数や海の生態に対する影響を調べるための500頭あまりの調査捕鯨のみとなってしまった。

　2001年7月にロンドンで開かれた国際捕鯨委員会においては，アメリカをはじめ，オーストラリア，ニュージーランド，イギリスなどが商業捕鯨を恒久的に禁止する案を出した。しかし，それには日本が強硬に反対し，ドミニカ共和国やアンティグア・バーブーダなど日本が経済支援を行っている国々の協力もあり，少なくとも太平洋と南大西洋海域での全面捕鯨禁止案だけは阻止することができた。しかしながら，2002年5月に下関で開かれた国際捕鯨委員会では日本の主張は通らず（参考：細川，2002），続く2003年の会議でも日本の主張はまったく受け入れられず，2007年現在，商業捕鯨再開のめどはまったく立っていない。

設 問

日本の主張が通らない主要な原因はどこにあるのだろうか。

考 察

この問題は，さまざまな利害や価値観が複雑に絡んでいて簡単に分析できるようなものではないが，ここでは簡単に各国や各陣営の論点をまとめてみたい。

まず，捕鯨禁止を求める人たちがその主張の根拠の中心としているのは，鯨が絶滅の危機に瀕しているため，それを守らなければならないという種の保全論であろう。また，鯨の巨大な脳容積や音波によるコミュニケーションを行っているという研究結果を盾に，「知能が高い動物を食べるのは残酷である」という鯨＝知的生物論を打ち立てた議論もよく聞かれるものである。これらの鯨＝知的生物論支持者の神経を逆なでしているのが，捕鯨行為の残虐さであるようだ。つまり，豚や牛などの家畜の屠殺では，銃や麻酔などを使用して安楽死となるよう配慮されているが，鯨の捕獲においては，致命傷を与えそこなった場合など鯨が長時間苦しむことになり，大変残酷だというものだ。また，これらの議論に加え，鯨肉には水銀や PCB など脂溶性の有害物質が大変高濃度で含まれるため，食用にするのは危険だという主張もあるようだ。

これらの主張に対し，捕鯨国では基本的には鯨肉を食べるということ自体が自分たちの国の文化の一部であり，他国の食文化について口を差し挟むのはおかしいという議論が最も中心的なものとなっている。しかし，日本やノルウェーなどの捕鯨国以外では，日本のような経済大国がなぜ，これほどまでに捕鯨にこだわるのか理解できないというところのようだ。つまり，鯨がだめなら，

牛や豚，鶏肉を食べればよいではないかということだ。現在まで，数々の会議を経ても捕鯨国の主張は非捕鯨国の強い意見と団結力の前にひとたまりもなく押しつぶされているといった風情である。

しかし，ここまで非捕鯨国の立場が強くなったのは，実はアメリカが戦略的かつ迅速に行動し，非捕鯨国に働きかけ，捕鯨反対陣営を増やしていった結果であるという見方もある。つまり，国際的な交渉においてその強い力をみせつけたということのようである。実際，アメリカが打ち出している「鯨の保護＝地球環境の保持」という論理は，アメリカが石油の消費や二酸化炭素の排出など，地球環境の悪化の元凶といわれるほど無思慮な行動をとっていることを考えれば，それこそ矛盾した変な論理といえよう。

このような例をみるにつけ，やはり国際交渉の場にあっては，自国の主張を理解してもらえるような強力な説得力が必要であることはもちろん，自国の利益を考え，賢く機転を働かせて，上手に動くといった，ある意味ずる賢さも必要なのかもしれないと思わせられる。とはいえ，このように何が食用としてふさわしく，何がふさわしくないのかといった問題は文化に根差した感情論に発展しやすく，容易には解決できない問題である。このような議論に対しては，基本的にはお互いの文化を尊重することを大原則とするという確固とした立場で臨みたいものだ。　　　　　　[H]

課題　ロールプレイ

「捕鯨によって生計を立てている日本の漁師」「反捕鯨を掲げるNGOグリーンピースのメンバー」「ホエール・ウオッチングによって生計を立てている人」「捕鯨を認められている先住民族」「鯨は知的生物であるという主張をする大学院生」「日本捕鯨協会のメンバー」の6種類の人物になったつもりで，今後の捕鯨問

題」についてディスカッションをしてみよう。あらかじめ，割り当てられた役割について，インターネットを使って資料収集し，どのような考え方をしている人々かについて理解してから臨もう。また，話し合った後で，それぞれの演じた役を離れ，振り返ってディスカッションをしよう。お互いの考え方がどの程度他のメンバーに伝わったかの確認や，議論の流れの整理をしたうえで，このように異なった意見をもった人々が集まって議論する場合，気をつけるべきことは何かについて考えよう。

留 意 点

多国間交渉のハードル

　国際連合での討議，先進国サミット，国際捕鯨会議のように近年は二国間交渉ではなく，多国間で行う交渉が大幅に増えてきた。つまり，地球社会は，昔であれば一国の問題として片づけられたようなことが今や多くの国々に関連したり，影響を与えたりすることになり，すなわち，関係国間で共同して解決すべき問題も年々増加の一途をたどっている。そのような多国間の交渉の場に臨む場合には，1つの問題に対する各国の思惑が複雑に交錯し，1つの合意にたどり着くまでに多くの国々を説得しなければならず，交渉そのものに臨む前に，二国間交渉以上の周到な準備，事前折衝が必要になってくる。

　ところが，現在の日本の政治組織では，そのような複雑な交渉に挑むだけの体制が整っていないことが時折見受けられる。例えば，事前予想では考えられなかった意見が出されたようなときに，日本の代表は対処できず，結果的には日本の意に反した決定がなされるといったことも実際には起こっている。このような最悪の

事態に陥ってしまうのは、やはり準備不足、情報収集能力の欠如に加え、交渉代表団に与えられた裁量権の不足という問題があるといえよう。政府や国としての確固たる立場や政策があることはもちろん大切だが、各国から出されるさまざまな意見に対し、柔軟に対応するためには、日本側代表団がある程度の権限をもっていることが必要となろう。

交渉力

　交渉力とは「交渉で自己の信念や主張を相手に納得させ、好ましい結果をまとめあげる能力」のことである。国際的な会議や交渉の様子がメディアで報道されるときにいつも感じるのが、日本の首相、外相その他のリーダーにあまり交渉力がないのでは、ということである。2001年秋にアフガン復興会議が東京で開かれたときに議長役を務めた元国際連合難民高等弁務官の緒方貞子氏はそのリーダーシップが国際的に高く評価された。とはいえ、同氏のような存在はまだ例外中の例外で一般的には日本の代表が国際的な舞台で交渉力を発揮するのは難しいようだ。その理由として、政府関連の国際的な会合では、特定の分野に精通し、説得力をもって語ることができるような人材が少ないことが挙げられよう。

　また、外国語の使用は必須条件ではないにしても、会議前後の昼食時間、ティータイム、あるいはパーティ会場などでも、交渉相手と個人的な話や冗談を言い合ったりするいわゆる「ロビー外交」でもそれなりの力を発揮するためには、外国語に習熟しておくことも必要かもしれない。さらには、交渉法といったことが学問になりにくいという風土があり、世界各地でどのような交渉が行われているのかといったことを真剣に考える状況に至っていな

いということも一因かもしれない（御手洗，2003）。国際連合をみても，日本の財政的な貢献度から判断すると，日本人職員の比率がはるかに少なく，また，高い地位について目立った活躍をしている日本人も少なく，国際的な場での人的な存在感は非常に心もとない。交渉力をもった多くの国際人の育成が急務である。

　国際的な場でこのように存在感を示せていない日本であるが，そんな場で求められている新たな役割がある。それは，平和思考で調和を尊ぶ日本的な特徴を生かして，特定の国家間で真っ向から利害が対立しているような問題に対して，第三者的な態度で仲介をし，調停をするというメディエーターとなることだ。現在，深刻な問題となっているテロや地域紛争，食糧問題，さらには環境問題など，持続可能な地球社会を構築していくという立場から考えると，関係国間の単なる利害の調整を超えて，さまざまな合意をとりつける必要が生じている。そのようなメディエーターとしての役割を積極的に果たすといった新たな形での貢献のできる人材の育成も，今後切に求められよう。

第8章

国際協力

　国際協力とは，社会や経済の開発，平和問題，人命や人権など人道上の問題，環境問題などに対して，国を越えて行われる援助活動のことである（渡辺，1997）。援助活動の多くは国家間による協定によるものであるが，近年では非政府組織（NGO）が行う場合もかなり増えている。国家間協定によって行われる協力の中で，最も規模の大きなものといえば，国際連合により先導される援助活動といえよう。例えば，国際連合は世界保健機関（WHO）や国際連合難民高等弁務官事務所（UNHCR）など32の機関を通して，世界のさまざまな地域で地球上のすべての人々の健康と自由と人権を守るための活動に従事している。

　NGOの一例としては，「国境なき医師団」の活動などが挙げられる（山本，2002）。同医師団は人種や政治，宗教などに関係なく医療・人道援助を行う民間団体であり，世界70カ国を超える国・地域に年間数千人の医師，看護師，助産師を派遣し，緊急医療にあたっている。地球温暖化による気候の激変や，各地で勃発する戦争や紛争など，現在，地球上で起こっているさまざまな問題を解決するには，このように国家の枠を超えて援助の手を差し伸べ，協働するという国際協力が何よりも求められているといえよう。しかし，援助の現場では，まだまだ手探りの状態である場

合も多く，今後はかゆいところに手が届きつつ，無駄のないといった地球規模での援助システムの構築が求められるところである。

日本の国際協力

　日本は第二次世界大戦直後にアメリカからの莫大な資金援助，物資援助を受けた，いわば被援助国であったが，飛躍的な経済発展を達成した1960年代以降は，戦争中に被害を与えた東アジア，東南アジア各国（ミャンマー，韓国，中国，フィリピン，ベトナム，インドネシアなど）に次々と戦後賠償という形で援助活動をするまでに至った。その後，1970年代にかけては援助規模も政府開発援助（ODA）額も拡大の一途をたどったが，現地でのインフラ整備の発注先は日本企業である場合が多く，「ひもつき」の援助にすぎないと各地で強い批判を受けた。1980年代には大幅な見直しもあって，そのような援助方式は減少し，またこの時期にベトナム，カンボジアなど戦闘が続いていた地域を支援するためのNGOも数々誕生するなど，この頃から日本は真の国際協力先進国としての道を模索し始めたともいえよう。その後，湾岸戦争を経て，経済大国日本に対する世界の要望もいっそう強まり，1990年代にはついに援助額が世界第1位になった。

　とはいえ，日本の活動，とりわけ技術援助においては，日本の専門家あるいは青年海外協力隊員や，近年漸増してきたNGOの国際ボランティアの活動などにみられるように，それ相当の貢献はしているが，指導の方法，部品の調達，対人関係などの点で現地の人々が必ずしも，日本側の協力活動を評価していない場合もあり，現地のニーズに本当に適合した「協力活動」となっているかどうかは長期的な視点での検討が必要といえよう。

バヌアツの村で，地元の住民たちの食事会に招待される
（写真提供：平井信夫）

ケース1　ほしいのはお茶だけ？

　青年海外協力隊員の水野佑子さんは，アフリカのある国に村落開発普及員として派遣された。主な仕事は担当地域の村をまわってそこで暮らす女性たちが手工芸品を作って販売し，現金収入を得ることができるようになるまでの手助けをすることであった。ところが，赴任半年を過ぎても水野さんは自分が思い描いたような成果をまったく挙げられず，またどうしてよいのかもわからず早くも煮詰まってしまっていた。というのも，いろんな村をまわって女性たちに一所懸命声をかけ，講習会を開こうとしても，みんないろいろと理由をつけてなかなか集まろうとしないのだ。また理由といっても，「子どもの世話で忙しい」「夫が自分が出歩くのを好まない」「夫が怒る」など，本当にやる気があるのか，と

第8章　国際協力　177

疑いたくなるような理由ばかりだった。村の女性たちの非協力的な態度をみているとだんだん頭にきて、ついには「私はこの人たちを助けるためにわざわざやって来たのに、なんでみんなこんなに非協力的なんだ」「怠け者なのか、それとも私が外国人だから嫌なのか……」と自問自答する水野さんであった。

　そんななか、ようやくある村から石鹸作りの講習会を開いてほしいという要請が舞い込んだ。喜んだ水野さんは、早速代表の女性たちと打ち合わせを行うべく、村へと向かったが、その打ち合わせの席である女性が「そういうときは、お茶くらい用意しないとだめだよ」と水野さんに言ってきた。すると、まわりにいた女性たちも一斉に彼女に同意するようなことを言い出した。お互いに人間として平等な立場でいることや村人の自助努力の大切さを伝えたいと思っていた水野さんであったが、そこはむげに断るのも悪いと思って仕方なく「お茶の葉は私がもってくるから、お砂糖はみんなが用意しておいてね」と、お互いに半分ずつを負担することの重要さを繰り返し説明し、帰ってきた。

　さて、問題の講習会の日がやってきた。ところが、村の人たちは会場に来るや「お茶はもってきたのか」と入れ代わり立ち代わり水野さんのところにいちいち確認しにきたのだ。水野さんは聞かれるたびに「お砂糖はもってきたの？」と聞いてみたが、みんな「もってきていない」と悪びれるふうもなく答えるだけだった。自分との約束はどうなったのかと怒りを感じながら座っていると、ある女性が近づいてきて「本当にお茶をもってきたのか？　もってきたのならみせて」とまで言ってきた。「そんなにお茶が大事なのか！」と言いたいのをぐっと我慢してもってきたお茶をみせると、なんと女性はそのお茶を奪い取るようにもっていってしまったのだ。ついに、我慢できなくなった水野さんは「泥棒！　返

してよ！」と声を荒げてお茶を奪い返し，そのまま帰ろうとした。すると，そこにいた女性たちが一斉に「お茶をおいていけ！」と水野さんに向かって声を上げたのだ。憮然とした水野さんが女性たちを無視して，そのまま帰り支度をしていると，今度は水野さんの服を引っ張る女性まで現れた。「意地でもおいていくわけにはいかない」と憤った水野さんはお茶をもったまま逃げるようにその場を後にした。

　「自分は村人たちの自助努力を促すためにやって来たのであって，物を要求するようなやる気のない人たちの相手をしに来たんじゃない」「やる気のある人たちのたくさんいる村で活動をすればいいんだから……」と自分に言い聞かせてはみたものの，どうしてお茶くらいであんなに頭にきてしまったのか，自分でもわからず釈然としないまま悶々とした日々を送ることになってしまった水野さんであった。　　　　（参考：『クロスロード』2007年1月号）

設　問

　水野さんの失敗の原因はどこにあるのだろうか，分析してみよう。また，水野さんはどうすればよかったのだろうか，水野さんの友人になったつもりでアドバイスを考えてみよう。

考察

「協力隊は相手国の自立的,持続的な発展を願って一緒に活動するという立場であって,物資をただ相手に与えるだけでは何もならない」という水野さんの信念は,きわめて正論である。ただ問題は,水野さんがあまりにもその「正論」にとらわれすぎて,相手からみた自分の姿についてまったく思いを馳せることができなかった点にあるのではないだろうか。まず,村人にとって水野さんは「お金持ちの国から来た人」である。アフリカやイスラム諸国でよくみられる「富める者は貧しい者に富を分け与える」という価値観から水野さんの行動をみると,お金持ちなのに,「お茶」もくれない大変なケチであり,伝統的価値観に沿って行動していないということになろう。例えば,年末ジャンボ宝くじがあたったと言っている友人の家に招待され,「今日のお菓子代は1人350円ずつね」と徴収された場合を考えてみてはいかがだろうか。少しは村人の気持ちもわかるかもしれない。また,水野さんが「物を要求された!」と村人の行動を決め付けた挙げ句,あまりにも強く嫌悪感にとらわれてしまい,状況をゆっくり把握するだけの心の余裕がなくなってしまったことがこの問題を大きくしてしまった一因ともいえよう。

見知らぬ異文化の地において,自分が思ったように相手を動かすのは大変な作業である。相手からみれば,協力隊員はただの「見知らぬ外国人」でしかない。そんな外国人がいきなり自分たちの地域にやってきて,「こうした方がよい」などと,自分たちの生活のやり方にけちをつけたり,命令したりするわけで,そんな要求を聞けという方が無理ともいえる。しかし,協力隊員にしてみれば,明らかに自分たちのやり方の方が正しく,効率的で,便利であるようにしか思えず,そのためアドバイスが聞き入れら

れない理由もわからずに苦悩することになるようだ。援助を受ける立場に立って考えてみれば，彼らの拒絶の理由も簡単にわかることだが，実際の現場におかれてしまうと，思ったような成果が挙げられないとあせってしまって，水野さんのようにまわりがみえなくなることもあるようだ。どんな社会にあっても，まずは人間関係の構築が大切であって，お互いに相手を信頼し合えるようになって初めて，相手の言葉に耳を傾けてみようと思うものであるという基本原則を忘れないことが大切だといえよう。

　また，水野さんは女性たちが講習会に参加できない理由を聞いてやる気がないと判断していたが，このように，相手の生活や価値観を理解もしないで，「やる気がない」と決め付けたり，「アフリカ人は日本人ほど働き者ではない」「途上国の人はルーズだ」などと一般化してしまうのもよくある話だ。しかし，女性たちにはみんな自分たちなりの生活の仕方があり，保たなければならない人間関係がある。乳飲み子が何人もいたり，親や夫が病気で寝込んでいたり，また，夫が外国人の開く講習会に参加をすることを許さないなどいろいろ事情があるかもしれないし，日本では考えられないほど，親や夫の権力が強いということもあるかもしれない。相手の行動が自分からみて「やる気がない」とみえたとしても，あくまでも「よそ者」の自分にみえているものはその人の一部でしかなく，その「見方」も自文化である「日本文化」に影響を受けていることを忘れてはならないだろう。また，もちろん日本人にもいろいろいるように，アフリカ人も1人ひとりが異なった性格をもつ個人である。「アフリカ人は」と決め付けることの問題をしっかり理解しておくことも必要だろう。　　　　[H]

課題 リサーチ&プレゼンテーション

青年海外協力隊についてインターネットなどで調査し,その結果を発表しよう(もし,近くに元隊員がいれば,その人にインタビューをしてみよう)。どんな国に,どのような職種で派遣されていて,また,隊員たちは現地ではどのような活動をしているのだろうか。発表にあたっては,彼らの具体的な毎日の様子がわかるように工夫をしてみよう。

ケース2 協力隊員山崎さんの戸惑い

青年海外協力隊の一員として,アフリカのある国に看護師として派遣された山崎京子さんは,小さな村の診療所で活動することになった。看護師としての業務に慣れた頃,山崎さんが次に取り組んだのは,前任者が行っていた健康についての講習会を引き継ぎ,それを定期的な行事として定着させることだった。講習会を企画するにあたって,まず山崎さんが心掛けたことは,自分が企画をし,自分だけが知識を伝えるという形にせず,できるだけ現地のスタッフを中心にことを進め,山崎さんが帰国した後もこの活動が自発的に続けられるようにしたいということだった。そんな強い思いもあって,山崎さんは,準備から講習会の本番まで極力現地のスタッフに任せる形で話を進めようとした。ところが,そんな山崎さんの思いは伝わらず,スタッフからは「前に来た人は,全部自分でやっていたのに,あなたの代になったらなぜ私たちがあなたの仕事を手伝わないといけないのか?」「怠けてるんじゃないのか?」など,非難ごうごうとなってしまった。意外な反応に戸惑ってしまった山崎さんは,「私は来たばかりで,彼女みたいに上手にフランス語が話せないから……」と言うのがやっ

＜コラム　女性のエンパワーメントと文化相対主義＞

　世界には，女性が男性より低い地位しか与えられず，人間として生きていくうえでの最低限度の尊厳さえ守られていないところがある。そのような場所で行われている慣習の例としては，イランなどイスラム諸国での「honor killing」(名誉の殺人)や「割礼」，そしてインドでの「花嫁焼殺」などが挙げられる。honor killing とは，駆け落ちや，誘拐，レイプの被害など，一族の名誉を傷つけたと思われるような行動や被害にあった女性を，「名誉を守るために」一族の男性が殺すことを意味するが，昔からの慣行，文化の一部だということで，現在でも「honor killing」だと判断されれば重い罪に問われることがないことが問題視されている。また，女性外性器の一部や全部を切除するという女性の割礼もけっして過去の出来事ではなく，世界では現在でも1年に約200万人の女性が新たに割礼を受けているというふうに報じられている (『しんぶん赤旗』2004 年 2 月 13 日)。一方，「花嫁焼殺」は女性が結婚の際に持参金をもっていくという慣行を悪用した男性が，持参金の額が気に入らなかったりすると，コンロのところに連れて行って事故を装い殺してしまうということだそうだが，この場合も「事故死」として片づけられ，大きな問題にならないという (Wood, 2001)。

　21 世紀に入っても，なぜこのような慣行がいまだになくならないのだろうか。それは被害者である女性に対する教育不足が最も大きな原因ではないか。十分な教育を受けることができさえすれば，女性たちが反対の声を上げ，社会問題化することもでき，そうなるとこれらの問題が解決へと向かうのではないか。このような考えによって進められるのが「女性のエンパワーメント」のための活動となる。これらの問題が自分たちのことではない社会に育ったわれわれにとっては，女性のエンパワーメントさえうまくいけばすべての問題が解決するのではと簡単に考えてしまいがちだが，実際はそんなに単純な問題ではない。例えば，割礼問題

> だが，割礼を受けている当の女性たちの中には，割礼の慣行を問題視し，慣行の廃止を推進しようとする運動そのものを「異文化を認めない自文化中心主義的な傲慢な態度」として批判する者も存在する。異文化コミュニケーションにおいて最も大切なことはすべての文化に優劣はないとする文化相対主義の態度だといわれているが，そうなると，このような「割礼制度」が文化であると主張されれば，それを認めざるをえないことになる。
>
> また，男性が女性より高い地位であること自体が「文化」であるといわれれば，女性のエンパワーメントのための運動さえ，文化を壊す「傲慢な行動」となってしまう。「文化相対主義」が複雑な現実社会の問題にあって，「絵に描いた餅」，つまり「実現できない理念」でしかない，としばしば批判されるのはこのような問題に際して解決策を提示することができないためであろう。21世紀を生きるわれわれに残された課題は，この「絵に描いた餅」を「食べることができる餅」へと変換し，さまざまな問題を乗り越える新たな理念なり，基本原則を打ち出すことかもしれない。
>
> [H]

とで，それ以上の反論ができないままになってしまった。

こんなふうに現地のスタッフにそっぽを向かれてしまった山崎さんは，仕方なく1人で準備を始めた。まず，大きな町の本屋に出向き，妊娠や出産，子育てなどに関する本を買い込み，慣れないフランス語を辞書を引きつつ解読した。そして，わかりやすく伝えようと，買い込んだ本をもとに「妊娠したとき，気をつけること」というテーマの紙芝居まで作成した。みようみまねでイラストも描き，一所懸命作ったのだが，それをみたスタッフからは「あなたはこの土地のことが何もわかっていないのね」とまたもや冷たい態度で否定されてしまった。どうやら，彼女が妊婦は水汲みや薪割りをしてはいけないということを紙芝居の中に盛り込

んだのが間違いだったらしかった。つまり，現地では，薪割りは女性の仕事として位置づけられており，妊娠したからといってそれを拒否するなど，とんでもないということだったのだ。失敗の理由がわかっても，スタッフたちの「そんなに言うんだったら，あなたが代わりに薪割りをすればいいじゃない」という冷たい言葉が心に刺さったようにいつまでも忘れられず，「あなたたちが最初から手伝ってくれないからこんなことになったのに……」と怒りを感じた山崎さんだった。

そんな山崎さんだったが，その失敗の後は，自分の態度を変えるように努めた。つまり，確かに，現地の人々とのコミュニケーション不足を招いたのは，仕事以外では家に閉じこもっていたような自分の態度であり，また現地の習慣をあまりよく知らないままでいた自分が悪かったと反省し，できる限り外出し，現地の人とコミュニケーションをとるよう心掛けたのだ。仕事がない午後にもわざわざ職場に足を運び，現地のスタッフと無駄話をするなど，努力を続けた結果，徐々にスタッフたちも山崎さんに心を開いてくれるようになり，休日に一緒に遊びに出かけるほど，仲のよい人もできた。山崎さんとスタッフたちがお互いに「個性をもった個人」として付き合えるようになった頃から，講習会に対する彼らの態度も協力的なものへと変わり，山崎さんが帰国する頃には，現地のニーズに合った講習会が開けていると高く評価してもらえるまでになった。

とはいえ，2年間の間には，このほかにもさまざまな問題に遭遇した山崎さんだった。なかでも一番困ったのは，近くの村のあるグループから講習に来るように要請されて出かけたら，後から，「どうしてあそこのグループにしか教えないのか？」と他のグループに所属している人たちからひどく責められたことだった。そ

んなこともあったので、次に行ったときには、別のグループに所属している人たちにも参加するよう声をかけたのに、誰も来なかった。別に遠いところに住んでいるわけではないのに、呼びかけても来ず、ただ自分たちのところに来てくれないと、文句を言い続ける女性たちには山崎さんも困り果ててしまった。「いくら文句を言われても、いちいち小さなグループごとに別々の講習会を開くわけにはいかないんだから！」とはっきり言いたくてもそこまでは言えず、ますますいらいらした気持ちをつのらせていた山崎さんだった。

　2年間の任務を終えた今、アフリカでの活動を振り返った山崎さんは、赴任当初の自分について、「自分は黒子でなければならないという思いに縛られすぎていたんですね。黒子となるには、現地の人々に動いてもらわないといけないし、そのためには、まずお互いの信頼関係を築くことが必要だったのに、そんな大切なこともわからないまま空まわりをしていたんです」「講習会にしても、とにかく知識だけを伝える場というよりは、あせらずにゆったりと構えて、相手の声に耳を傾けながら自分の思いを伝えるコミュニケーションの場にする姿勢が必要なんですよね」と現地の人々とのコミュニケーションの大切さについて語るのだった。

(参考：『クロスロード』2006年12月号)

設 問

この例をもとに、青年海外協力隊のように途上国で援助活動をする際に、留意すべきことは何か、まとめてみよう。

考 察

　まず、山崎さんは自分が去った後も講習会が続けられるように

することにこだわっていたが，その姿勢は大変よかったといえる。実際，日本が行った数々のODA事業の大きな問題点は，高額な機材などを寄付するものの，それを修理したり，使いこなせる人材を育成しないため，協力隊員などが帰国した後，故障してしまった機材がほこりをかぶったままになっているといったように，せっかく導入された物やシステムが無駄になっているということが頻発していることである。このような問題点をよく理解している山崎さんは，とにかく現地の人たち自身による講習会の推進にこだわったのだ。ただ，問題は彼女がその重要性についてしっかり現地のスタッフに伝えることができなかったことであろう。つまり，この例の場合，「あなたの仕事をどうして私たちにやらせようとするのか」と責められたとき，言葉に自信がなかった山崎さんは，「自分がいなくなった後も続けてほしいから」という本当の理由を言い返すことができず，そのままあきらめてしまったようだが，もし，一度失敗しても二度，三度と機会をみて，根気強く理由を説明する努力をしていれば，もう少し状況は変わっていたかもしれない。

　そのほか，山崎さんの失敗をもとに，協力隊員がとるべき行動について考えてみたい。山崎さんも振り返っているように，まず最初の頃の彼女は，現地の人に能動的に動いてもらうという目的に縛られすぎており，スタッフの1人ひとりが講習会に対してどのような考えをもっているかという基本的な意識調査さえしないままことを進めようとしてしまった。しかし，この例のように習慣も異なり，もちろん価値観や考え方も異なる土地にいる場合，スタッフの考え方も違っていて当然となる。そうなると，こちらの期待通りに相手が動いてくれなかったり，逆に自分が現地の人々の常識を超えた行動をしていて，知らない間にひどくひんし

ゅくを買っているなどということも起こりうる。よって、どんなことを進めるにも、まずは、相手の価値観や考え方、風習などについてしっかり学んでから、それらを考慮に入れたうえで、計画を立てることが必要になる。

また、いかなるプロジェクトにおいても、現地の人々の協力がなくては何もできないため、彼らの協力を取り付けるための努力をすることが求められる。まず、彼らの協力を得るためには、信頼関係の構築が必要となるが、これはどんなに文化が異なっていようとも共通するところで、相手が信頼できたり、「個人として尊重し合える」という仲になっていない場合、共同作業はなかなかうまくいかないことをしっかり肝に銘じるべきだろう。

ただ、どんなにまわりの人やその文化を理解する努力をし、自分の気持ちを伝える努力をしているつもりでも、陥る失敗もある。それは、アフリカなど途上国に行く場合、途上国の人に対して「シンプルな生活をしている素朴な人たち＝世俗的なことにとらわれない人たち」などという勝手な思い込みにとらわれすぎて、相手が自分たちと同じように嫉妬したり、競争心をもったり、いがみ合ったりもする人間であるということを忘れてしまうということだ。そんなふうに勝手な思い込みをもって現地に赴き、現地の人のドロドロした「人間らしい」一面をみると、途端に幻滅したり、現地の人々の悪口を言うなどの「適応行動」に走る人もいるようだ。このような思い込みの罠にはまらないよう、表面的な文化による行動は異なっていても、人間はどこにあっても嫉妬もすれば、いがみ合いもするといった共通点ももち合わせているということを忘れないでいることも大切であろう。

最後に、せっかく異文化の地に赴いたのだから、できるだけ現地の人とコミュニケーションを密にとり、相手の価値観、考え方

などを学び，それと同時に自分の考え方も伝えていくという努力を怠らないことが必要だろう。日本から来たからこそわかる現地の素晴らしさなどを伝えることも重要だろうし，また，現地の文化から学ぶことも多いはずだ。現在の地球環境の悪化を考えても，先進国のやり方のみが素晴らしいということはけっしてないはずである。お互いが双方向で学び合うという姿勢を明確に打ち出し，謙虚な態度で臨むことが求められよう。　　　　　　　　　　[H]

課題 調べてみよう

元青年海外協力隊員が書いた本や雑誌『クロスロード』の記事，またインターネットのホームページなどを参照して，協力隊員が現地で遭遇した問題の事例を集めてその原因を分析し，また解決法を考えてみよう。

ケース3　ディミュロ審判の帰国

1997年3月，アメリカのメジャーリーグで活躍していたマイケル・ディミュロ審判は，プロ野球のセ・リーグにおいて，初の外国人審判となるために来日した。日米野球の交流協定に基づいて，日本の野球界に本場の審判技術を伝えるというのがその目的であったという。従来から，日本の審判たちの多くが元選手であるため，選手や監督に対して立場が弱く，選手と審判が馴れ合いの関係になっていることや，またしっかりした教育システムが整っていないことなど，日本の審判のあり方に関しては，さまざまな問題点が指摘されていた。そんな懸念のなか，近い将来日米対決など国際試合が増えることを見越して，このままではいけないと画策されたのが，アメリカ人審判の招聘だった。つまり，「い

っそアメリカから審判を呼んできて，アメリカ式の審判をやってもらって，みんなの反応をみてみよう」ということだったらしい。

ところが，来日後34試合目の6月5日，早くも大騒動が起こってしまった。岐阜市で行われた中日ドラゴンズ対阪神タイガース戦の7回の裏，バッターボックスには中日の大豊選手が入っていた。第3球でストライクと判定された大豊選手はその判定に納得がいかず，「今のボールがなぜストライクなんだ？」という主旨のことをつぶやいて，審判の方へ詰め寄り，胸を二，三度つつくなど，執拗に抗議した。即座にディミュロ審判は大豊選手に打席に戻るように注意したが，大豊選手が聞き入れなかったため，退場を宣告した。その途端，中日ベンチからはコーチや選手らが飛び出してきてディミュロ審判を突き飛ばすなどの激しい争いとなり，ついにはディミュロ審判はダッグアウトの方まで詰め寄られてしまった。翌日，ディミュロ審判は仙台で予定されていた試合をキャンセルして，東京に戻り，セ・リーグの川島会長に辞任を申し入れた。また，記者会見の席では，「昨日の試合をもって最終とし，アメリカに帰国することになった」と述べた。川島会長は何度も慰留を申し入れたが，ディミュロ審判の決心は固く，日米のプロ野球での初めての審判交流はわずか2カ月で打ち切り

となった。

(参考：『アエラ』1997年6月23日号,「アメリカ人審判は
なぜ辞めたのか」『クローズアップ現代』1997年6月19日)

設問

このような問題が起きないためには何が必要だろうか，考えて
みよう。

考察

まず，この問題を考えるに先立って，ディミュロ氏の立場から，
この事件をみてみたい。まず，日米の野球界で最も大きく異なる
ことは，ディミュロ氏が活躍しているアメリカのメジャーリーグ
における審判とは，厳しい教育，訓練を潜り抜けてきたプロフェ
ッショナルであるという自信と自覚を確固としてもって君臨する
存在であるということだ。例えば，毎年プロの審判養成学校の卒
業者約250名のうち，メジャーリーグの審判になれるのはたった
の2，3人であり，それもたいていそこまでたどり着くのに10
年はかかるという狭き門であるという。したがって，このような
激しい競争を勝ち抜いたいわば勝者であるメジャーリーグの審判
は，選手に対しても威厳をもって対応し，また選手や監督も審判
に対してはそれ相当の敬意を払うことが期待されている。そんな
メジャーリーグの常識をもったまま来日したディミュロ氏にとっ
ては，自分の退場宣告を無視されたばかりか，観衆の目前で選手
からつつかれるなど，屈辱的な行動をとられ，ひどくプライドを
傷つけられたに違いない。実際，この騒動の後，ディミュロ氏は
ロッカールームであまりのショックに青い顔をして震えていたと
伝えられている。つまり，耐え難いほどの苦痛を味わったという

ことになろう。

　しかし，アメリカから審判を招くにあたっては，このように何らかの問題が生じることがあらかじめ予想できたはずだ。つまり，日本の審判が選手や監督と馴れ合いになって，その判定に一貫性がなく，また選手に向かっても立場が弱いなど，アメリカとは大きな違いがあることは関係者の誰もが知っていた。そう考えると今回の問題は，日本サイドのコミュニケーション不足に起因しているということになる。つまり，もしディミュロ氏が自分の身に起こるであろう問題についてあらかじめ理解していれば，今回のような帰国劇という最悪のシナリオには発展しなかったのではないかと考えられる。したがって，ディミュロ氏の招聘にあたっては，あらかじめ日本の審判の立場やその立場に起因して起こっている問題，アメリカとの違いなどをしっかり説明したうえで，ディミュロ氏に期待されている行動とは何かについて明確に伝えておくことが必要であった。また，ディミュロ氏がアメリカ流の厳しい態度で挑んだ場合に起こりうる選手や観客の反応などについてもあらかじめ知らせておくべきだっただろう。そのような最低限の説明義務を果たしていなかったことが，今回の問題を大きくしてしまった最大の原因といえよう。

　「とりあえず，アメリカ人審判を連れてきたら何とかなるんじゃないか。そこからみんないろいろ学ぶだろう」などという考え方はあまりにも無責任であり，何もわからないまま連れてこられて，酷い目にあわされてしまったディミュロ氏の立場からいえばお粗末といわざるをえない。「助っ人」などといわれ，外国人選手が日本の野球界で重宝されるようになって久しいが，さまざまな問題を抱え，志半ばで帰国の途についた選手も数多く存在する。プロ野球界にも異文化から来た際に選手が抱える問題点について

> <コラム　フェイス交渉理論>

　フェイスとは「顔」であり，「面子」でもある。つまり，フェイスとは自己に関する社会的イメージのことで，自分が他者にどのようにみられているか，あるいはみてほしいかに関わるものである。自分の能力や信頼感の点で疑いの目，批判の目が向けられると，自尊心がおおいに傷つけられるため，人々はみなそれぞれに，自分のフェイスを守ろうとする。ティン・トゥーミー（Ting-Toomey, 1988）は相手との対立や摩擦が生じた際に文化によってフェイスの守り方，また，対立や摩擦の解決法が異なると主張し，フェイス交渉理論を打ち立てた。

　一般的には，アメリカ人は個人主義的な感覚をもち，自分の「顔を守る」ということが重要だと考えられている。対立があったときには，自分の思っていることを前面に出し，相手を非難する。また，自分が非難されると，そこで起きた状況の説明を行い，自己弁護をする傾向を示すといわれている。また，中国でも自分の面子を守ることは非常に大切なものとされ，面子がつぶれそうになると対決姿勢は激しいものになる。一方，日本では自分以外の誰かの「顔を立てる」ということが重視されるようだ。対立やすれ違い，誤解，摩擦などは日常のコミュニケーションでいくらでも起こりうるものである。問題は，そのような状況が生まれたときに，自己のフェイスについてどのようなコミュニケーションをとって解決するかということである。このような問題の解明に文化的差異を考慮することの必要性がこの理論で指し示されている。

深く理解し，助け舟を出してくれるような文化の仲介者の存在が必要といえよう。

課題　リサーチ＆ディスカッション

「助っ人」として来日した外国人選手について書かれた本や雑

誌の記事などを読んで，彼らの抱えた問題点について整理し，それらの問題点の解決法について話し合ってみよう。

ケース4　誰のための歴史資料館？

　バンコクから北へ77km行くとアユタヤという日本人にもよく聞き慣れた町があるが，この町に日本の無償資金協力で歴史資料館を建設するというプロジェクトが立ち上がった。このプロジェクトは，1987年に日タイ修好条約100周年を迎えるにあたり，両国間の良好な関係を象徴する何らかの記念事業をしたいというバンコク日本人商工会議所の観光部から出されたアイディアをもとにしている。当初の計画では，17世紀に山田長政が活躍したとされるアユタヤの日本人町跡を整備したうえで，展示館を建設し，当時，日タイ貿易に使われていた御朱印船の模型や山田長政らにちなんだ関連資料を展示するほか，展示館横には日本庭園やレストランなども配置し，日本からの観光誘致にも一役買おうという一大プロジェクトとなっていた。

　山田長政は，江戸時代の初め，シャム（現在のタイ）に渡り，3000人近くの日本人が住んでいたアユタヤの日本人町の頭領だった人物である。当時のシャム国王に気に入られ，王宮近衛隊長として活躍したが，後に，江戸幕府が鎖国政策をとったため，日本に帰国できず，結局はシャムで毒殺されたと伝えられている。そんな悲劇的な結末を迎えた山田長政だったが，明治以降は，日本人の海外雄飛のシンボルとなり，歴史の教科書にも登場するくらい有名人となった。つまり，山田長政を担ぎ上げて，今ではすっかりさびれてしまったアユタヤの日本人町跡を何とか復興させたいという日本側の願いがこのプロジェクトに込められていたの

である。このプロジェクトについて日タイ両国政府が協議した結果，総額約10億円に上る日本の無償資金協力で歴史資料館を建設することが正式に決定した。交換文書の締結は1987年9月26日の日タイ修好記念日にバンコクで行われ，中曾根首相（当時）も式典出席のためバンコクを訪問するなど，このプロジェクトの前途は洋々たるものに思われた。

ところがその4カ月後に問題が起きた。日本の建築会社から出向し，基礎工事に励んでいた事務所の人々に信じられないような連絡が入ったのだった。なんと，タイの建築家や設計家の大半から「タイの伝統文化にそぐわない」として中止の要請が出されたという。その反対運動の先陣を切ったのがタイ建築家協会に加盟する建築家で，設計会社を経営するかたわら，チュラロンコン大学で都市計画などの講座も担当しているアプチャート・ウオンケオさんで，タイの建築界ではよく知られた人であった。

その後，市民からも続々と反対の声が上がり，ついに，1988年1月，タイ内務省からJICA（当時：国際協力事業団）のタイ事務所に，歴史資料館を建てる場所を日本人町跡ではなく，アユタヤ県庁前の大通りに面したところに変えてほしいと要請があった。場所を変えれば，基本設計も当然変わってくる。政府同士が約束した基本設計が途中で変わるということはJICAの歴史でも例のないことであり，まったく予想外の出来事であった。しかし，受け入れ国からの大反対とあっては，計画を見直さざるをえず，京都大学東南アジア研究所の石井米雄所長ら日本側と，チュラロンコン大学のチャティプー教授らタイ側の学者，専門家らが基本的な事柄を話し合うために招聘された。その後彼らの出した提案を受け，タイ側7名と日本側6名の建築家が集められ，新しい建築案が出された。　　　　　（参考：毎日新聞社会部ODA取材班，1990）

設問

最初に出された日本側のアイディアの問題点はどこにあるだろうか。また、この失敗例から海外援助の際に気をつけるべき事柄について考えてみよう。

考察

このプロジェクトの一番の問題は、他国への支援という名目でありながら、自分たちのことしか考えていないのではないかとさえ思えるような自分勝手な、自文化中心主義的な計画となっていたことだろう。つまり、山田長政は、タイの人々にとってみれば、ほとんど意味のない無名の一日本人にしかすぎず、そんな人を奉ったうえで、勝手に移り住んできた日本人の集住地域を記念するような資料館をつくるというアイディアそのものが「日本人の日本人による日本人のためのアイディア」といえ、タイの人々にとっては、きわめて迷惑で勝手な申し出であった可能性さえあろう。

また、この問題を大きくしているのが、日本人建築家がデザインした建物が、町の景観にまったくなじまなかったということではないだろうか。つまり、日本側は外国に勝手に自分たちのデザインした建物を押し付けようとしていたことになる。このことは、例えば、50年後に日本のどこかの都市にインド人集住を記念した資料館をインド政府の基金で造るということで、インド人建築家によって付近の景観とまったくそぐわないようなインド風の建物が町の真ん中に勝手に建てられるとしたら付近の住民はどう思うか考えてみればすぐわかるであろう。いくらこちらが全額を負担して建築するにしても、周囲の環境になじまなければ、ただの迷惑なお荷物となってしまうだろう。

最後に、このプロジェクトは日本の建築会社が請け負っていた

ということも，問題の1つといえよう。日本の国際援助の問題点として，長年にわたって批判にさらされてきたこの方法であるが，現地の人の目には，日本人だけが得をしているように映ったり，ひどい場合は，援助という名のもとに自分たちをお金儲けの道具にしているのではないかという不信感を生むなど，百害あって一利なしといった様相を呈していることもある。日本側としては，一定水準を保った建物を提供するには，日本側に発注する方が安心であり，また日本の技術者が行って，建築技術や勤労姿勢の見本をみせることに意義があるという考えもあるようだが，こちらの意図が相手に通じていない場合は，大きな誤解のもととなるので，注意が必要だ。

このような問題にならないために，援助にあたっては，まず，自分たちが行おうとしていることが，相手国や現場の人々によっても必要とされていることであるかどうかを確認することが肝要となる。実際，政府の要請があったために，多額の医療機器を援助したが，現場ではそのような機械を使うだけの電力が不足していて使用できず，結局錆びて使えなくなってしまったなどという，笑えないような話もある。援助にあたっては，最低限のニーズ分析が必要となる。

また，今回のように現地に建物を建てる場合，現地の人々にとって使い勝手のよい，また周囲の雰囲気になじむような建築物となっている必要があろう。この場合では，企画段階から現地の建築家や専門家の人々と一緒に考えるといった姿勢でことにあたるべきだったといえよう。そういった配慮があって初めて現地の人々から愛され，利用される建築物にすることができる。最後に，どのような援助にあっても，自分たちの目標ばかりでなく，援助内容，方法，方法が選ばれた理由，そして現地の人々に求める協

力内容など，明確に伝えたうえで行わなければ，意味のないものになったり，反対に現地の人々に嫌われたりといった「失敗」へとつながってしまう。現地の人々との密なるコミュニケーションが必要であることを忘れてはならない。

課題　調べてみよう

日本がこれまで行ってきたODAの失敗例について調べてみよう。どのような国にどんな援助がなされ，また，どうしてそれらのプロジェクトがうまくいかなかったのか，分析してみよう。

留　意　点

持続可能な社会に向けて

1990年代になって途上国の経済成長と地球環境問題の対立が新たな南北問題として浮上してきた。例えば，1992年にリオデジャネイロで開かれた地球環境問題についての国際会議（リオ・サミット）では，欧州を中心とする先進国が環境保護を主張する一方，途上国は経済発展の必要性を主張して，鋭い対立がみられた。つまり，多くの途上国は先進国の追従を指向し，インフラの整備と急速な経済発展に執心している一方，先進国では石油を中心とした化石燃料をエネルギー源として成り立っている大量消費社会の限界とともに，自分たちの生活形態そのものが地球温暖化に代表される地球環境の悪化を生み出したという深刻な問題に気づくという，矛盾した状況になっていたのだ。このような相対立する問題に直面するなかで出てきた考え方が「持続可能な開発」（sustainable development）である。

このようなある意味，矛盾する課題（開発と環境保護）に対処

するという難題にあたり，日本の ODA は新たな援助の形を追求する必要に迫られている。つまり，その方法自体を地球的視野から見直したうえで，温暖化を食い止め，さらなるオゾン層の破壊を防止し，効率的なエネルギーの消費方法の考案，代替エネルギー資源の開発などに取り組まなければならないのだ。また，開発プロジェクトの専門家，青年海外協力隊，シニア海外ボランティア，NGO，NPO による国際ボランティアなど国際協力の従事者も，これまでのように日本が獲得した技術力をそのまま伝えればよいという姿勢ではなく，現地の状況を把握したうえで，最適な発展形態を一緒に模索するといった新しい姿勢で臨むことが求められよう。

　資源のリサイクルや省エネルギーなど「持続可能」といった側面では，むしろわれわれが現地の人々の知恵から学ぶことの方が多いともいえ，今後は，先進国と途上国の人々が一致協力して，今までの「経済発展一辺倒」の考えの問題点を洗い出し，そこから生まれた数々の失敗例から学び，同じ轍を踏まないように努力していく必要があるといえよう。同様に，国際協力活動における現地の人々とのコミュニケーションにおいても，単に「教える」「講義する」といった一方的なものではなく，人々の声に真剣に耳を傾け，同時に自己の見解を伝え，試行錯誤を繰り返しつつ，双方が歩み寄って創り上げる「ジョイント・ベンチャー」的なスタイルが求められるのではないだろうか。

第9章

マスメディアと
パーセプション・ギャップ

　近年では新聞，ラジオ，テレビ，雑誌などのマスメディアは世界のあらゆるところの出来事を私たちの茶の間に届けてくれるようになった。また，パソコンや携帯電話を使ってメールを送ることも，インターネットで各種の情報を得ることもすっかり一般的になっており，何か事件でも起きればそれは瞬時に世界を駆けめぐるようになっている。このような，同時性，即時性をもつ多種多様なメディアの存在が，われわれの生活様式はいうに及ばず，私たちの直面する社会の諸問題に対する考え方，判断基準にも大きな影響を与えていることは否定できない。

マスメディアの報道

　はたして，このようなメディアの発達によってもたらされた大量の情報は，私たちの他国や異文化の人々に対する誤解や偏見を減らし，相互理解へと導いてくれるのだろうか。現状では，答えは否といわざるをえず，反対に，文化間でのパーセプション・ギャップ（認識のずれ/受け取り方のずれ）が頻繁に生じている。例えば，アメリカについては政治から芸能に至るまで細かく伝えられるものの，ヨーロッパやアフリカ，ラテンアメリカ諸国などその他の国や地域については旅行番組などで取り上げられるのみに

とどまっており，ときおり起こるテロや事故以外の情報はほとんど伝えられることがないという情報の偏りや欠如といった問題もある。

また，より深刻な問題としては，メディアにより伝えられる誤解がある。例えば，日本を中心に考えた場合，中国に関する報道では反日的行動をとる人々ばかりが大きく取り上げられるため，多くの日本人は中国人がみな日本人に対して強い反感をもっていると思っており，同様に中国では戦後の日本の様子が伝えられることが少ないため，報道される日本の政治家のコメントや行動をもとにして，いまだに日本では軍国主義的な人々がほとんどであるかのような印象をもち続けているという問題がある。この例のように，メディアが他国や他民族に対して否定的な姿やある一面だけを強調したり，自国にとって都合のよい映像ばかりを流すといった報道をすることも現実にはあり，メディアの消費者としてのわれわれはメディアに踊らされないように注意を払う必要があろう。

ケース1 ルワンダの悲劇

1994年に，アフリカのルワンダ共和国で3カ月のうちに50万人とも80万人ともいわれる大虐殺が起こった。被害者となったのはルワンダでは少数民族のツチ族で，13万人もいたとされる加害者は多数派のフツ族に属する人々であった。しかし，実際はツチ族とフツ族の間にはさしたる違いがないというのが通説である。例えば，ツチとはもともと牛を飼う人のことで，フツは農耕に従事する人を意味するように，役割に基づく呼び名くらいの意味の違いしかなく，また部族間の結婚もしばしば行われていたと

いう。では，どうして言語も同じで外見も同じでただ部族という「ラベル」のようなものだけが異なっている隣人を虐殺するという悲劇が起こってしまったのだろうか。

　実は，このルワンダの悲劇の影にはラジオの煽動放送の存在があったという。1993年，当時大統領だったハビャリマナの政党に属するフツ族過激派グループが千の丘ラジオという小さなラジオ局を開局した。国営放送が硬い内容の放送ばかりだったのとは対照的に，ラップ音楽に乗せてディスクジョッキーが話すという新しく，かつ親しみやすい雰囲気の千の丘ラジオは，放送開始から瞬く間に人気の放送局となった。テレビもなく，農村では新聞も届かなかった当時，ラジオは人々にとって唯一のマスメディアであり，それだけに影響力も大きかったと思われる。

　1994年4月3日，そんな千の丘ラジオから不思議な放送が流された。「ラジオを聞いている君たちだけに入手したばかりの情報を教えよう」という前置きの後，3日後に何か不吉なことが起こり，そして1週間も経てば手榴弾や砲弾の炸裂を聞くことになると予言したのだった。放送から3日後，予告通り事件が起きた。なんと大統領機が撃墜されてしまったのだ。千の丘ラジオはこの事実をいち早く伝え，ツチ族愛国戦線の仕業だと決め付けた。こ

の後，ラジオはフツ族の人々に向けて大統領が殺されたことに対する怒りを煽り，またその殺人を起こしたとされる愛国戦線が攻めてくると執拗に言い続けた。人々の恐怖心を散々煽った後，今度は具体的にとるべき行動についても，細かく指示を出し始めたという。

例えばまず，「道路を封鎖して，検問を作って，愛国戦線のスパイをチェックしろ」というメッセージを流した。人々は言われた通りあちこちに検問所を作り，そこでツチ族の身分証明書をもっている人をみつけるとすぐさま殺害し始めたという。また，「愛国戦線は村人のふりをして隠れているので隣のツチ族に気をつけろ」と，まるですべてのツチ族が敵であるかのように行動することを求めた。ラジオから聞こえる「今こそ君たちの勇気を示すときだ。カマやナタをとって家を出るんだ。俺たちの強さをみせてやれ」という声に操られるかのように，人々は身近な武器をもって次々と隣人のツチ族の家を襲撃し始めたという。ラジオの煽動はこれだけでは終わらなかった。しばらくすると，今度はラジオからは「ツチ族は人殺しのゴキブリだ。女でもゴキブリは殺せるはずだ」と女性や子どもまでも含めた虐殺を煽るような放送までもが始まった。放送によって，家族のメンバーの中でも部族間結婚を理由に憎み合ったり，また最悪の場合は，兄弟の子どもを殺さざるをえなかったなどという悲劇までも生まれることになってしまった。

結局，1994年7月4日に愛国戦線が首都キガリを制圧したことによって，3カ月間続いたこの悲劇に幕が引かれることとなった。虐殺を煽動した千の丘ラジオの所有者は1998年4月，国際連合の国際犯罪特別法廷によって裁かれ，公開処刑となったものの，隣人同士が殺し合うという愚行を犯してしまった人々の心に

残った深い傷と悲しみはけっして消えることはなかった。
（参考：「なぜ隣人を殺したか——ルワンダ虐殺と煽動ラジオ放送」『NHKスペシャル』1998年1月18日，『朝日新聞』1998年12月6日）

設　問

　この悲劇はなぜ起こってしまったのだろう。また，このような悲劇を繰り返さないためにわれわれにできることはあるのだろうか。

考　察

　隣人を虐殺してしまったのはけっしてフツ族が初めてではない。歴史を振り返れば，隣人との戦争や殺し合いは絶えず起こっており，人類はいわば殺し合いをしながら進化を続けてきた生き物であるともいえよう。つまり，人間とは一度相手が敵だと洗脳されれば，どんな残虐行為でもできてしまうきわめて恐ろしい生き物である。この例ではその洗脳が主にラジオを通してなされていたようだが，過去にはラジオや新聞，そして教育によって同じ人間を「敵」として認識するように教え込まれ，隣人同士，隣国同士の殺し合いをしてしまった例が山のようにあるといえよう。

　この洗脳されやすいという人間に備わった恐ろしい傾向を支えているのが，自分と他者を分類し，差別化したり，自分の所属するグループは他者や他のグループよりも優れていると思いたがる「自文化中心主義的」性向であろう。このような傾向を如実に示す例として，アメリカ人のジェーン・エリオット氏が小学生を対象に行った有名な実験授業がある。この授業は，子どもを目の色によって徹底的に差別し，その被差別体験によって差別の問題について身をもって学習させるという目的で行われたものであるが，

ビデオ(「青い目,茶色い目——教室は目の色で分けられた」『NHKスペシャル』1988年4月29日)には,それまで仲良く遊んでいた子どもたちが,先生が目の色によって差別をし始めたとたん,お互いに反目し合い,憎み合うようになる様子がありありと描かれていて大変驚かされる。つまり,人間とは洗脳されやすいうえに,相手より優位に立ちたいと願うような大変脆い生き物であるというのが真実のようだ。

　例えば,このツチ族とフツ族であれば,もともとは大きな違いがなかったにもかかわらず,ベルギーの植民地支配が始まったときにたまたま少数派のツチ族だけを重用し,ツチ族を使って間接支配を行ったことが両者の差異化と対立の始まりであるという。それ以前はフツ族が牛をもらってツチ族になったりするほど両者の違いは小さなものだった。ところが,対立の構図がはっきりしてからは,お互いに異なる部族として敵対的な姿勢を示すようになったという。何十年もツチ族に支配される状態が続いたために,1962年にようやく独立を勝ちえ,権力の座についたフツ族の政権は積年の恨みを晴らすような行動に出た。まず,身分証明書に,必ずツチ族かフツ族かを記載することによって両者の曖昧な違いを明確化し,その後は,社会生活のあらゆる面でフツ族が有利になるように手を加えたという。こうなると,フツ族はツチ族を見下し,またツチ族は自分たちを苦しめるフツ族を憎むという構図が簡単にできあがってしまう。このように,悲劇の火種は30年間くすぶり続け,ついに20世紀の終わりを迎える頃に爆発してしまったことになる。

　では,このように簡単に洗脳され,自文化中心主義に陥りやすいという問題を抱えたわれわれが,このような悲劇を繰り返さないためにできることには,何があるのだろうか。まず,考えられ

るのは，マスメディアで流される情報を鵜呑みにせず，また根拠のない噂に惑わされないように日頃から気を付けるといった「メディア・リテラシー」の能力を付けておくことであろう。振り返って考えてみれば，テレビや新聞などのマスメディアの報道でさえも，大きな誤報により人の人生を狂わせてしまったことが多々あった。近年では，松本市で起きたサリン事件の際の河野義行氏が犯人であるかのように報道されてしまった例が記憶に新しい。このように報道デスクや編集長など多くの人の検閲の目が行き届いているものでさえ，誤報が避けられないのに，インターネットなど個人が自由に情報を流すことができるようになった現在，たった１人の悪意ある書き込みがあたかも真実であるかのごとくネット上を駆けまわるといったことも日常茶飯事である。さらに，インターネットでは特定の人種やグループを誹謗中傷することに執心する人々が暗躍しており，情報の受け手であるわれわれには，良識ばかりでなく，正しい情報をつかみとる能力を高める努力をする必要があろう。

次に大切なこととして，これまで人類が犯した数々の過ちから学ぶことが挙げられよう。例えば，異民族との戦争や対立など自分たちの祖先が犯してしまった数々の悲劇や愚行を含め，過去の歴史上の失敗から目を背けないで，そこから学ぶという姿勢が第一に求められる。ただ，個々人がそのような努力をしてもなかなか広く定着させることは困難であることが予想されるため，世界史，日本史といった歴史教育のカリキュラム内容や授業方法に変更を加えるなど，具体的な対策が必要となろう。例えば，なぜ戦争が始まったのか，戦争を避ける方法はなかったのかなど，戦争や紛争については具体的に事例研究のような形で取り上げ，討議によって理解を深めるなど，学生たちが主体的に，歴史を身近な

失敗例として生き生きと捉えることができるような工夫をするなどといった方法が考えられよう。このような教育によってこそ，同じようなことが起こりかけたときに警笛を鳴らすことができる確かな判断能力と行動力のある人間を輩出できるのではないだろうか。また，このような方法は，学校だけでなく，家庭や地域で子ども向け，青少年向けワークショップといった方式で広げることもできる。ぜひ，試みてほしいものである。　　　　　　　　[H]

課 題　*ディスカッション*

『ホテル・ルワンダ』『ルワンダの涙』など，ルワンダ虐殺をテーマにして作られた映画をみて，以下のテーマで話し合ってみよう。

① 登場人物の中で最も感情移入したのは誰か，そしてそれはなぜなのか。
② もし，自分が登場人物の1人なら，どのような行動に出ただろうか。
③ 映画をみて，どんなことを感じたか，または考えたか。

ケース2　拒絶された原爆展

戦後50年の節目を迎えようとする1994年秋，アメリカの国立スミソニアン航空宇宙博物館は核兵器が現代社会にとってどのような意味があったのかを問いかける特別展示の企画案を練り始めた。その展示の目玉となったのが，世界で初めて原子爆弾を投下したB29爆撃機「エノラ・ゲイ号」であった。「博物館は，過去の歴史を伝えるだけではなく，今日に関わる問題を投げ掛ける教育的役割を果たさなければならない」と当時の館長，ハーウィッ

ト氏が語るように，博物館員たちは原爆投下を「核の時代の始まり」「冷戦時代の幕開け」と捉え，「分岐点——第二次世界大戦の終結，原爆と冷戦の起源」というタイトルの画期的な展示案を作成した。

この案では，まず原爆の被害や人間に及ぼす影響についても注目しようとした。そのため，館長自らが広島と長崎を訪れて，被爆遺品を借り受ける交渉にあたった。広島，長崎両市は「世界に被爆の実態を伝えるのに役立つのなら」と資料の貸し出しを快諾した。選ばれた貸し出し品には，焼けた弁当箱や，水筒，学生服や幼児の服など，一般の市民たちが被害者となっていることを如実に伝えるものが選ばれた。また，原爆投下直後に撮影された被爆写真も多数展示されることになっており，市民が巻き添えになったことを伝える内容になっていた。これまで，アメリカ国内では原爆の被害者は主として軍需工場で働いていた者とその関係者であるという考え方が主流であったため，一般市民の犠牲者が多数存在するという趣旨の展示は非常に画期的であったという。また，この案にはもう1つの新たな視点が盛り込まれていた。それは，「この戦争は（真珠湾攻撃に対する）復讐戦であった」というもので，これまでの戦争観とは大きく異なる考え方であった。

しかし，このような展示案はあくまで，第一案であり，館内で推敲が加えられた後，発表される予定であった。ところが，検討が加えられる前に館内の関係者から内容が漏れ，計画案に対してあちこちから反対の声が上がった。最も早く反応したのは，18万人の会員を擁する空軍協会であった。彼らは，台本の一節にあった，「復讐戦」「欧米帝国主義」という言葉は，反米的，日本びいきであるとして，その内容の変更を強く迫った。空軍協会に引き続き，今度は300万人の会員を擁する全米退役軍人協会が批判

に乗り出した。もともと議会でも圧力団体として知られているほど力のあるこの団体は，精力を挙げ上院，下院議員をも巻き込んで一大キャンペーンを行った。その結果，下院議員24人が展示内容の改善を求める文書を提出し，その後，上院でもスミソニアン協会批判が全会一致で決議された。また，この2つの協会の大反対に呼応するように，テレビや新聞，雑誌などのマスメディアによってこの問題は大きく取り上げられ，全米を挙げての一大論争へと発展した。予算の4分の3が国家予算からなるスミソニアン協会は，このような激しい反対運動に対し，なすすべもなく，譲歩するしかなかった。

　1994年10月に博物館は展示案の大幅変更を発表した。新案では，広島・長崎から借り受けた被爆遺品などの資料と写真は大幅にカットされた。また，タイトルも「分岐点」から「最後の一幕」へと変更された。これは，つまり，原爆投下が核時代の始まりであるという捉え方から，「日本が始めた戦争を終わらせた」というアメリカで広く受け入れられた考え方への大転換であった。しかし，このような大転換を行っても，批判の声は収まらず，ついに，具体的な展示計画に着手する1995年になって発表された最終計画では，被爆遺品などの資料や写真の展示をすべて中止し，エノラ・ゲイ号とその乗組員の記録だけが展示されることになった。

(参考：NHK取材班, 1996)

設問

　退役軍人協会の人々が原爆展示に反対する理由には，どんなものがあるだろうか。また，そのような理由をふまえて，今後日本はどのような行動をすればよいのか考えてみよう。

考 察

　いわゆるこの「スミソニアン原爆展示論争」をめぐっては，NHK が特集番組を制作し放送した。また，番組のために行ったインタビュー取材の内容は，『アメリカの中の原爆論争』（NHK 取材班，1996）という本にまとめられている。ここでは，その本の中に紹介されていた退役軍人や一般市民の意見から，彼らの原爆観を探りつつ，彼らが原爆展に反対した理由をまとめてみたい。

　まず，今回の原爆展に反対したのは，けっして退役軍人だけではなかった。例えば，マスメディアも『ワシントン・ポスト』をはじめ，有力新聞がスミソニアン協会の企画に対し，反対の声を上げたという。また，それらの報道に対し，読者・視聴者など何万もの人が反応し，特にスミソニアン協会には，1 万 5000 通の投書が殺到した。スミソニアン協会によると，そのうち約 9 割がスミソニアン協会に批判的なものであったという。

　市民が寄せた批判理由のうち最も多かったものは，「真珠湾攻撃という汚い手を使って戦争を始めたのは日本であり，それを終わらせたのがアメリカの原爆投下であることを考えれば，日本の被害ばかり強調しているのはおかしい」という論調であった。例えば，自身も日本軍を相手に戦い，多くの友人が日本軍の残虐な行為により殺されるのを目のあたりにしたというクリストファーソン氏は，「広島・長崎の人々は犠牲者ではないのか？」という問い掛けに対し，「でも，われわれよりもひどい犠牲者だったということはないはずだ。私の目の前で死んでいったアメリカ人部隊と比べて，特別ではないのだから」と答えている。つまり，日本では，何の罪もなく戦争に巻き込まれ，原子爆弾というむごい兵器によって殺されてしまった市民たちは戦争の被害者であるという論旨がきわめて一般的であるが，アメリカの一般市民の目に

第 9 章　マスメディアとパーセプション・ギャップ　　211

は，日本が戦争を始めなければこんなことも起こらなかったという意味において，日本軍によって殺されたアメリカの人々の方が，真の意味で犠牲者であるというふうに捉えられているようである。「人が殺されるのに，こちらの方がむごいとか，むごくないという論理をあてはめるのはおかしい。戦争で犠牲になった1人ひとりの命にとっては，意味もなく殺されてしまったという事実だけが厳しい現実として残るのみである」ということのようだ。

また，このように，対米という狭い枠組みでの考えより一歩進んで，「従軍慰安婦」「強制労働」「南京大虐殺」など，第二次世界大戦中に，アジアの諸国で日本軍が犯したさまざまな戦争犯罪に対して，日本の責任を追及するといった論調も同時に巻き起こった。このような論調はスミソニアンでの被爆展示が中止されたことを受け，長崎市長が開いた外国人記者クラブでの会見の内容が伝えられた後にひときわ強まったという。例えば，『ワシントン・ポスト』は「長崎市長は，原爆とホロコーストは同じと発言」と大きな見出しをつけて報じた（NHK取材班, 1996）。日本人にとっては，さほど違和感がない発言であるが，実は，戦争加害者としての日本という捉え方をしている多くのアメリカ市民にとっては，ひどく違和感を感じる発言であったようだ。つまり，自らがアジア諸国で引き起こした多くの戦争犯罪には目をつぶっておいて，自らが被った被害のみを吹聴する卑怯な行為と捉えられたのだ。

スミソニアン協会に寄せられた反響の約9割が最初の展示案に反対の意を唱えるものであったように，アメリカの一般市民の間では，日本への原爆投下は早期に戦争を終結させ，多くのアメリカ人兵士の命を救ったため，正当化できるものだという見方が大勢を占めており，そのため，原爆投下を支持するものが多く存在

しているのが実情のようである。しかし，直接戦争を経験していない若い世代においては，原爆投下は必要なかったと考える人たちも徐々に増加しており，またリビジョニスト（歴史修正主義者）といわれる歴史家を中心としてスミソニアンの展示に対する圧力は「歴史の浄化」であり，退役軍人たちが主張する歴史と実際の歴史との差異については，しっかり検証すべきであるといった反対論も聞かれるなど，戦後半世紀以上経った今日では，歴史の検証の必要性への指摘も行われるようになっている。

とはいえ，この問題のように個人の記憶に深く刻まれた怒りや悲しみの記憶が容易に消え去ることはないだろう。アメリカにも日本にも，そしてアジア諸国にも戦争によって失われた多くの命があり，また人生を狂わされた人々が未だ数多く存在する。そういった意味でわれわれはみな，過去の歴史によって傷つけられた被害者である。今後は，日本人も，アメリカ人やアジア諸国の人々にとって，自分たちが加害者として捉えられているという事実をしっかりと認識したうえで発言することが求められている。このような視点に立ったうえで発言を行ってこそ，広島・長崎の被爆者の生の声や，核兵器廃絶の訴えが世界の人々に強いメッセージとして届くことになるのではないだろうか。　　　　　　　[H]

課題　ミニ・ディベート

原爆投下を支持する側と支持しない側に分かれて議論してみよう。支持，不支持ともに文献調査を行って，論点をまとめるだけでなく，相手側の論点の予想も行い，それらに対しどのように議論を組み立てればよいかまで考えてからディベートに挑もう。

＜コラム　感情移入による偏見・ステレオタイプの逓減効果＞

　教育や訓練によって，ステレオタイプや偏見の逓減をもたらすにはどのようにすればよいのだろうか。この問いに対する答えを探すべく，異文化コミュニケーション研究者・教育者たちは日々努力を重ねてきた。しかし，教育や訓練においてはっきりとした効果が認められるのは，相手国や文化に対する知識の増加のみであり，態度や行動面に関して変容をもたらすのはきわめて困難であるというのが通説であった。

　そんななか，近年，個人の感情的受容に焦点をあてたプログラム開発に注目が集まっている。つまり，従来型の教育プログラムの問題は個人の「感情」を無視していたところにあり，感情レベルでの受容に焦点を絞れば，効果が上がるのではないかということである。例えば，感情の伴わない学習においては，相手の苦境やおかれた状況についての情報を提示されても，単なる知識として受け取られるだけで，定着しない。しかし，情報の提示によって相手の苦境や感情が自分のことのように感じられるほどの感情移入を経験した場合，それは単なる情報として以上の意味をもつことになり，時間を経ても効果が残るということになるという考えだ。また同時に，「外グループ」と認識するような相手の立場に立ってものをみる（perspective taking）訓練の有効性についても注目が集まっている。例えば，異文化の相手の視点で物事をみる努力をすることにより，異文化交流で最も大切な資質の1つと捉えられている感情移入（エンパシー）の能力が高められ，それがひいては，偏見や否定的感情のような認知的障害を克服することへとつながるという考えだ。

　このような研究結果からは，異文化の相手への「感情移入」が偏見やステレオタイプの逓減をもたらす鍵となることがみえてくる。では，テレビドラマや映画などの映像作品の鑑賞によってもたらされた異文化の人々に対する「感情移入」はステレオタイプや偏見を減らす効果があるのであろうか。筆者（長谷川，2005a，

2005b, 2007a, 2007b) による韓国ドラマの視聴者を対象とした研究によれば，かなり大きな，また持続的な効果があることが明らかになっている。例えば，感情移入の伴った韓国ドラマの視聴は，韓国人に対する心理的距離の縮小をもたらし，韓国・韓国人については「温かい人間関係を築いている，親しみの感じられる存在」として捉えられるようになるなど，イメージの好転をもたらしていた。また，視聴者たちがもつ韓国人のイメージは複雑かつ重層的になっており，相手に対する情報不足から生じる画一的なステレオタイプの解消にもつながっていることがうかがえた。

今日，東アジアの国々では，交通手段やインターネットの発達も手伝い，テレビドラマや映画，漫画などさまざまなポピュラーカルチャーが国境を越えて，日常的に消費されるようになってきている。日本での韓国ドラマのように偏見やステレオタイプを逓減させる効果が期待できれば，異文化メディアの流布は東アジアの国々の人々の心を近づける契機となる可能性も秘めているといえよう。近い将来，メディアを介した「東アジア文化圏」が成立し，アジアの国の人々がお互いにより近しい隣人として意識し，自然に付き合うことができる日が来るかもしれない。　　　　[H]

ケース3　「冬ソナおばさん？」の嘆き

吉田美智子さんの生活は，韓国ドラマ『冬のソナタ』に出会って以来一変した。それまで家事と子育てのうえに，図書館司書としての仕事もこなし，忙しい毎日を過ごしていた吉田さんは，テレビといってもせいぜいニュースをみるくらいだった。そんな吉田さんは，友人の山口さんが「絶対面白いから！　だまされたと思ってみてみて！」と言って『冬のソナタ』のビデオを貸してくれたときも，最初はみる時間がないからと断っていたくらいだった。ところが，半ば嫌々みはじめた「冬ソナ」だったが，1話目

が終わる頃にはすっかりその魅力のとりこになってしまった。そのまま2話，3話とみつづけて，ついには学生時代以来久しぶりの徹夜までしてみた「冬ソナ」はその日以来，吉田さんの頭から離れなくなってしまった。なぜこんなに強くひきつけられたのかは自分でもわからないが，とにかく気持ちは「冬ソナ一色」となってしまった。歩いていてもテーマソングが頭の中を流れていて，家に帰るととにかく「冬ソナ」をみて，涙ぐむという生活が1カ月も続いた頃，吉田さんはふと，もっと「冬ソナ」や「ペ・ヨンジュン」のことが知りたいと強く思った。その日から，吉田さんは家事と仕事が終わった深夜の時間を使って，インターネットによる情報検索を始めたのだった。

　インターネットを始めて以来，吉田さんの世界は飛躍的に広がった。なじみの掲示板を通して，それこそ日本中の人と友達になり，情報交換をするようになった。「冬ソナ」「ペ・ヨンジュン」といった共通の話題で，年齢も職業も，住んでいる場所もまったく違う人たちとまるで何十年と付き合った旧友のように盛り上がることができるばかりでなく，そこで知り合った人たちの書き込みを読んで考え方に刺激され，自分の人生や日韓関係までいろいろ深く考えるようになるなど，掲示板でのコミュニケーションは吉田さんにとって生身の親友以上に大切なものになった。また，韓国ドラマをいろいろみるようになるにつけ，韓国についてももっと深く知りたいと考え，本もたくさん読み，韓国語の勉強も始めた。韓国のファンサイトに登録し，書き込みをするという第一段階の目的は果たせたので，今度は掲示板で知り合った韓国人のジュニさんに会ったとき，韓国語で会話をすることを目標に勉強に精を出す毎日だ。

　「冬ソナ」に出会うまでは，韓国といえば「キムチ」に「ソウ

ル」くらいのイメージしかなく，友達が済州島(チェジュド)に行くと聞いても「何でそんなところに行くの？」と不思議に思っていたくらい何にも知らず，興味もなく，どちらかといえば自分たちより遅れた国だとばかにしていた吉田さんだったが，「韓国」や「韓国人」「韓国文化」を知るために時間を使うことが趣味といえるまでになった今，振り返ってみると自分も今までは，韓国に対しては偏見だらけだったことに気づいて本当に恥ずかしいと感じるようになった。

　こんな吉田さんだったが，唯一の悩みは職場の人たちが「韓国ドラマ」をばかにしていることだった。「韓国ドラマなんてみるのは，ばかな中年のおばさんだけだ」とか，「韓国ドラマがはやってるなんて，嘘じゃないのか。本当は，在日の人が仕組んだ陰謀じゃないのか」などと公言してはばからない上司の存在に加え，自分より若い司書たちも自分のことを陰で「冬ソナおばさん」と呼んで笑っているのだ。「ドラマをみもしないで，勝手につまらないものに決まっていると思い込むその態度こそ，偏見丸出しで恥ずかしい」と言ってやりたいと思うものの，実際そんなことを本人に言う勇気もなく，今日もただ，笑ってやり過ごすだけだった。どうして，世間の人たちはこんなにも狭量なんだろうと腹立

第9章　マスメディアとパーセプション・ギャップ　　217

たしく思う吉田さんの気持ちを無視するかのように，今日もテレビのワイドショーは，「韓国ドラマにはまったおばさんたち」の特集を組んで，面白おかしく，その「おばさんたち」の生活を伝えていた。「テレビがこんな伝え方ばかりするから私たちが誤解されるのよ！」と頭にきた吉田さんは，今日も抗議のメールをテレビ局に向かって書き始めるのだった。

設 問

この事例をもとにマスメディアの影響について分析したうえで，メディアの受け手としてわれわれがとるべき行動について考えてみよう。

考 察

テレビや新聞，雑誌などのマスメディアが人々に大きな影響を与えることは，さまざまな学者によって指摘され，研究されてきた。例えば，メディアは，重要な問題は何かを設定するという「アジェンダ・セッティング（議題設定）機能」をもつという研究や，マスメディアの描写が人々の現実認識に影響を及ぼすといういわゆる「培養効果」研究，そして，メディアによって優勢だと報道された側はますます意見を表明する機会を多く得ることになる一方，劣勢だと報道された側は主張の機会もなくなるなど，多数意見や多数派はますます力をもち，少数意見や少数派は力を失い，結局はメディアが予想する方向に，世論が変化するという「沈黙の螺旋仮説」を証明するための研究などが有名なものだ。これらの研究からいえることは，いずれにしろ，メディアが人々の現実認識に多大なる影響を与えるということだろう（御堂岡，1997）。

吉田さんの例でいえば，マスメディアは『冬のソナタ』が人気を博しているらしいという情報をつかむやいなやこぞって取り上げ，ワイドショー，ニュースショーなどで特集を組み始めた。最初は筋書きや主演俳優の紹介を中心にしていたが，それでは不十分だと判断したのか，しだいに「はまった人々」についての紹介を面白おかしく取り上げるようになっていった。何度も同じように「冬ソナ」にはまってしまったちょっと変な「おばさん」ばかりをみせられた人々の頭の中には「冬ソナ」＝「変なおばさん」という図式ができあがる。そうなると，メディアは人々の頭の中に存在する「はまった人々」というイメージに合致したいわゆる「絵になる」変わった人々をわざわざ探して紹介するということになり，ますます人々の「変な」イメージが強化されるということになっていたのではないだろうか。実際，韓国ドラマ関係の行事に参加している人は時間とお金に余裕のある40歳代以上の女性が多いが，ファンといわれる人の中には，もちろんそれより若い人もいれば，少数ながら男性も存在するし，英語やドイツ語ができるいわゆるキャリアウーマンや教師や医者などさまざまな職業の人がいる。にもかかわらず，メディアが取り上げるのはあくまでもちょっと変な「はまったおばさん」ばかりというのはやはり，非常に偏った報道ぶりだといえるだろう。

　このようにマスメディアは強大な力をもち，人々の世界観，価値観に多大な影響をもたらす。また，インターネットが身近な存在となった今日では，従来のようにテレビ，新聞などのメディアによって人々が一方的に影響を受けるという形だけではなく，個人もさまざまな情報を発信できるようになり，われわれはいわば情報という洪水の中に生きているかのようだ。このような状況のなか，必要なことは，メディアの受け手である人々がメディアに

踊らされないよう，しっかりと現実認識をすることであろう。メディアが政府や企業などによってさまざまな影響，圧力を受け，真実を伝えていなかったり，もしくは，この例のように「面白く」伝えようとするあまりに現実を誇張していたりするという事実がある。また，どんな事件でもその背景にはさまざまな要因が絡み合っているにもかかわらず，メディアが報道する場合には，取材方法の偏りや時間的制約のために，事実の一面だけということもある。つまり，私たちはメディア報道をただ鵜呑みにするのではなく，できれば複数のメディアに接するように努め，また特に外国の報道に関しては，いつもみているテレビや新聞だけでなく，現地の報道に接したり，あるいは現地出身の人にインターネットの掲示板や電子メールで問い合わせてみるなど，臨機応変かつ能動的な態度で接することも求められよう。そして，報道ぶりがどう考えても偏見に満ちたものになっているときなどは，この例の吉田さんのように，制作者側に意見を言うなど，メディアに対してもものを言う賢い視聴者となれることを忘れないことが必要となろう。

[H]

課題 リサーチ＆プレゼンテーション

映画やドラマなど外国人が登場する作品をいくつか選んで分析してみよう。例えば，登場する人の国籍，職業，性別，外見，性格や，役割の大きさ（主要な役割か，端役か）などリストを作って書き込んでみてはどうだろう。外国の作品の日本人像に注目してもよいし，日本の作品の外国人像に注目してもかまわない。その結果どんなことがわかったか，各自プレゼンテーションを行い，問題点の指摘をしてみよう。

留 意 点

メディア・ウオッチの必要性

　インド人，フィリピン人，スウェーデン人，アメリカ人，中国人，イラン人，ケニア人などと聞いたらどんな人を思い浮かべるだろうか。よくあるのは，例えばインド人といえば，ターバンを巻いたりサリーを着た彫りの深い人がカレーを食べている図を思い出し，ケニア人と聞けばサバンナの中にキリンやシマウマとともに並んでいる人たちを想像するというパターンではないだろうか。最近でこそ，インドはIT先進国だとか，ケニアといっても街中はビルが林立しているといった新しいイメージも伝えられるようになってきたが，それでも多くの人の頭の中に共通して存在するのは決まりきった古いイメージ＝ステレオタイプではないだろうか。

　テレビ番組でアフリカのとある国で行った日本人のイメージ調査の結果が紹介されていたが，なんと多くの人が挙げたのが「蛇を食べる」というものであった。これはどうやら日本についての有名なドキュメンタリーの中で，いわゆる「ゲテモノ」料理ばかり出す店が紹介されていたのに端を発しているらしかった。日本に住んでいるわれわれには，すぐに「おかしい」とわかるようなことでも，その国に行ったこともなければあまり知っている人もいないような場合，メディアで伝えられたことが「真実」であると信じる人が多くても不思議ではないだろう。この例ほど極端ではなくても，われわれが他国の人に対してもっているイメージは，たいていがマスメディアから得た画一的なものとなっており，そのため，かなり偏っているといえよう。

このようにメディアの描写方法に問題があり，誤ったステレオタイプを広げているということに関しては，多文化，多民族化が進んだアメリカでは，それを是正するための活動をしている団体が多数存在する。例えば，アフリカ系の人々，ヒスパニックやアメリカン・インディアンなど，これらの活動が行われるようになる前では，いつも同じような描き方ばかりされるのが定番となっていた。しかし，現在では，例えば医者や弁護士といったホワイトカラーの群像劇であれば，登場人物が白人や男性ばかりなどに偏っていないか，またある人種だけ悪く描かれていないかなど，細かく目を光らせて，問題があれば即抗議をし，是正を求める。

　こんななか，多くのハリウッド映画において日本人がいまだにステレオタイプ的なひどい描かれ方をしているのは，日本人のイメージや権利を守るために戦うといった物言う視聴者としての行動が日本にまだ根づいていないことも理由の1つではないだろうか。描写がおかしな場合，日本での上映に対し反対運動を起こしたり，映画製作会社に抗議文を送りつけるといった行動をする日本人が増えれば，少しは「格好のいい」日本人の登場回数も増えるかもしれない。

[H]

終 章

異文化摩擦の要因

　異文化摩擦とは文化的背景を異にした人々による接触，交流，交渉，共同作業などの接触場面で，両者の間にお互いの意図と解釈との間に誤解，ずれ，あるいは，すれ違い，ねじれ現象などが生じて，結果として対立，軋轢，衝突などに至る過程を指す。実際の接触場面では，両者間で言葉かあるいは言葉以外でメッセージ（情報）が幾度となく交わされるが，その過程で意味の受け取り合いにおけるすれ違いが重なると，何が起きるか予断を許さない。

　第9章までにいろいろなエピソードや失敗事例，危機事例を紹介し，考察してきたが，終章では相手とのコミュニケーションにおいて衝突や摩擦の原因となる12の要因を取り上げ，まとめとしたい。もっとも，現実に摩擦が起きるときは1つの要因が単独で作用するのではなく，心理的側面や価値観・思考法などさまざまな文化的側面ばかりか，文脈や個人の差異などが同時に作用するため，非常に複雑である。また，コミュニケーションを円滑に行うためには，相手に対する敬意を忘れないことや，相手の考え方や立場からものをみるといったエンパシーの能力の獲得など，コミュニケーターのわれわれの努力が必要なことも忘れてはならない。

1. 「人みな同じ」の思い込み

「人間はどこに行っても所詮人間、同じなんだから、わかり合える」。このように考えることほど危険なことはない。なぜなら、実際は「人はみな違う」からであり、また「わかり合う」ためには、お互い相当な努力が必要であるからだ。「違ってあたり前」と考えていれば、異なる考え方や、常識、物事の進め方などに遭遇しても「ああ、そうか、違うんだ」と比較的冷静に捉え「どうすればいいかな」と自分のとるべき行動について考えたり、また相手に自分の考えや、やり方の違いについて説明することも可能になる。

ところが、一度「同じだ」という土台の上に立って相手をみてしまえば、自分のものの見方を相手にあてはめることの間違いにまったく気づかないことになる。すなわち、「わがままだ」「非常識だ」「変な人だ」など、自分の視点で捉えた相手がすべてであり、相手からみた自分や、相手の視点について思いを馳せることの必要性など考えもしないということになってしまう。これは何も国や言語といった文化差についてのみ限った話ではない。親、子ども、夫や妻といった家族や、友人、恋人や職場の人々など、自分のまわりにいる近しい人々とのコミュニケーションにもあてはまる。「何でこんなに自分のことをわかってくれないんだ」「なんて、無神経」など、相手の行動や言動を責めている自分に気づいたら、ふと一呼吸おいて冷静に考えてみよう。「人みな同じシンドローム」に陥っていないかと。　　　　　　　　　　　　　　　[H]

2. 「間違い探し？」の傾向

「人みな同じ」という思い込みの次に怖いのが、いわゆる「間違い探しゲーム」のように異文化の相手と対峙した場合、目にみ

える差異ばかり探そうとしたり，また一度大きな差異をみつけるとそれがすべてであるかのように相手が自分とは異なるという点ばかりに意識が集中してしまうことである。例えば，顔を真っ黒に塗って，目の上や唇を白くするといったいわゆる「ガングロ」化粧を施した女性がお隣に引っ越してきたとしよう。そんなとき，女性の特異な外見だけが彼女のすべてを物語るかのように捉え，そのうえ自分と非常に異なる人種だと決め付けて，個人としての彼女を知ろうともしないで「あまり関わらないでおきたい」などと思ってしまう人が多いのではないだろうか。

　同じことが実は異文化の相手とのコミュニケーションにもあてはまる。外見上の違いばかりに目を奪われたり，相手の意見や価値観の異なる部分ばかりに着目してしまうと，本当の相手がみえてこないばかりか，相手と自分との共通点にはまったく目がいかなくなる。かくして，相手をよく知ろうともしないで，「異文化の人だから，わからない」となってしまう。前項の「『人みな同じ』の思い込み」とは逆説的だが，人間同士は共通点の方が多いのが普通であり，また，お互いに個人として人間同士の付き合いに発展する場合，「共通点を探し合う」ことが肝要となる。異文化コミュニケーションが難しいのは，この「人みな同じ」という思い込みを排除しつつ「間違い探し」は慎むという離れ業のようなことをしなければいけないからだともいえる。この2つのバランスをうまくとりながら，相手と人間関係を構築していくさまは，まるでサーフィンに乗って波乗りをしているようなものだといった研究者もいる。この「異文化コミュニケーション・サーフィン」の上達に，近道はない。実践をどんどん積んで，ぜひ失敗から学んでもらいたいものだ。　　　　　　　　　　　　　[H]

3. 意味は言葉にあり？

「言葉の意味は、言葉に付随している。だから、言葉を使って相手に伝えれば、意味は確実に伝わるはず」。このように思ってはいないだろうか。実は、この考えは間違っている。本当は、「意味は人にあり」である。言葉というものは、それ自体に意味があるものではなく、きわめて恣意的に音や記号をあてはめているだけであり、そのうえ、人間がいろいろな意味を勝手に付加して使っているからさらに複雑である。例えば、「母」という言葉を例にとって考えてみよう。多くの人はその言葉を聞いて自分の母をイメージするだろうし、そうなると、当然「母」という言葉に付随しているニュアンスやイメージは人によってまったく異なることになる。

同じ言葉を使っていてもこのように微妙なニュアンスやイメージが異なるのであるから、母語が異なっている場合、さらに話がややこしくなる。例えば、「よい生徒」「よい教師」「よい妻」を good student, good teacher, good wife などと訳したところで、その単語に付随しているイメージや、期待される役割行動をすべて伝えるのは至難の技であろう。なぜなら、何をもって「よい」というかはところ変わればもちろん変化するし、そのうえ、「生徒」「教師」「妻」の役割さえ文化が異なると違っていることもありうるからだ。そんなふうに考えると「はっきり言ったから伝わったはず」と簡単には言えないことに気づいたのではないだろうか。「はっきり」の度合いや受け取り方さえ違うかもしれないのだから。　　　　　　　　　　　　　　　　　　　　　　[H]

4. 非言語コミュニケーション①——時間感覚

時間とはどのようなものだろうか。文化人類学者のホール

(1979) は人々の時間感覚の違いをMタイム (monochronic time) とPタイム (polychronic time) という言葉を使って表した。例えば，Mタイムの時間感覚が支配する場所であれば，人々は時間をまるで直線のように捉え，スケジュールを立てて時間を分断する。時間を分断することに付随するのは1つひとつの時間の枠組みの中では，1つのことに集中するという発想となる。またそのようなところでは，人々は時間を物のように考え，無駄にしないように執心する。一方，Pタイムのところでは時間はイベントを中心とした点がゆったりとつながったもののように意識されるという。そこでは，人々はスケジュールよりも対人関係を重視するため，時間や約束についても比較的柔軟な捉え方をする。また，時間の分断の発想がないため，いろいろなことが一度に起こる「ながら族」のような時間の使い方になることが多いという。

このように時間感覚の異なるMタイムの人とPタイムの人が出会うとどうなるのだろうか。あるケニアの青年が新橋の駅で日本人男性と待ち合わせをしたのだが，お互いに別の出口で待っていたため会えなかったという。日本人の方は相手が来ないと30分程度であきらめて帰ってしまったが，なんとケニアの青年は，そこで6時間も待ち続けていたという。時間厳守の発想に支配された日本人には，そんなに長い間相手を待っているなど思いもよらないであろうが，逆にいえば，たったの30分でさっさと帰ってしまう日本人はなんと冷たく感じられることか。テレビ番組の開始や終了時間など秒単位できっちりと合わせ，そのうえ電車などは1分遅れても謝罪アナウンスが入るのがあたり前という忙しい毎日を過ごしている私たちは，ゆっくりした時間の流れる国や場所に行くと，逆にいらいらするといった反応となることが多いようだ。習慣とは実に恐ろしいものだ。

5. 非言語コミュニケーション②──空間感覚

　知人，友人または見知らぬ他人などが自分に話し掛けたり，そばに立ったりするとき，どのくらいの距離をあけるべきかといった対人距離の感覚，自分のまわりはどのくらい自分のものだと感じるかといった個人空間，はたまた町並みや，建物などの公的空間など，私たちの日常ではごくあたり前のこととみなしている感覚が存在する。このような感覚は普段はまったく意識されないが，異文化環境におかれた際，初めて意識されることになる。例えば，海外旅行に出かけて，現地の人がやたら自分に近づいてきてひどく違和感を覚えたり，日本の中でも田舎から大都会にやって来てビルの大きさや緑の少なさに大きなショックを受けたり，外国に長く滞在していた日本人が帰国して自宅に戻ったとき，何と狭くて窮屈かと驚き，また，家の周囲の道路の狭さ，電線の多さや，あちらこちらにあふれている商品広告の看板などをみて，その雑然ぶりにあぜんとするというのもよく聞く話だ。異文化間ではこのようなちょっとした空間感覚の相違が，誤解の原因となって気まずくなることがある。また，宗教上の聖地や領土をめぐる対立などが今なお世界のあちこちで起きており，深刻な影を世界に落としている。人間にとって空間は大きな意味をもつものであり，それだけに空間をめぐる問題を解決するのは容易ではないようだ。

6. 固定観念を抱く──ステレオタイプ

　ステレオタイプとは，ある国民や民族，集団等に対してテレビ，新聞，映画などのメディアを通して繰り返し強調される一般的で凝り固まったイメージのことであり，固定観念とも定型概念ともいわれるカテゴリー化の一種である。カテゴリー化は人にも物にも適用されるが，ステレオタイプは民族や国民，地域住民といっ

た集合体に向けられることが多い。国内では,「大阪の人はがめつい」「東京の人は冷たい」「A 型の人は几帳面」などの言い方があるが,これらがステレオタイプである。ひとくくりにすると便利で理解しやすいが,問題は一度そのようなステレオタイプができてしまうと人はそれを容易には修正しようとはしないことだ。

　同様に,日本人が外国人と接するときには,このステレオタイプが幅を利かすことが多い。「イタリア人は陽気だ」「ブラジル人は情熱的だ」「フランス人はおしゃれだ」などなど,われわれは国別に単純化して決め付けてしまう傾向がある。人を人としてみることが,異文化状況では意外に難しく,何かあると「○○人はこうだから」と相手をその国の典型であるように錯覚し理解したような気持ちになってしまう。しかし,当然のことながら,すべての日本人が同じタイプであるはずがないように,すべてのイタリア人が陽気なはずもない。ステレオタイプは人々の目を曇らせるということを十分に肝に銘じておく必要があるだろう。

7. 人を見下す——偏見

　偏見とは,自分の個人的な体験に基づいて,相手となる集団や社会,国民に対して偏った一般化をしたり,嫌悪や敵意をもったりするような態度であり,ときにはマスコミもそれに加担することがある。偏見はステレオタイプとよく似ているが,個人的経験に裏打ちされており,ステレオタイプよりずっと強力である。自分たちよりランクが下で,劣っているなどと相手集団を見下す傾向も偏見であり,異文化摩擦や衝突の原因となる態度である。ステレオタイプと同様に,いったんあるグループに対して偏見をもつと,客観的なデータがそうでないことを示していてもなかなか自分の態度を変えようとはしないのが普通であり,また偏見をも

つことで，自民族や自集団の団結を強めたり，民族のプライドを高めたりするといった機能を果たすこともあるため，一度ある集団に対する偏見ができてしまうと，なかなか消えないのが普通である。

　偏見は日本の社会ばかりでなく，あらゆる人間社会に厳然として存在する。自分は偏見などないと思っていても，自分の子どもがある特定の国や民族の人と結婚すると聞くと，手のひらを返したように猛然と反対するなど，普段は気づかない個人の深層心理に隠れている場合もある。第二次世界大戦時にみられたドイツにおけるユダヤ人虐殺や，20世紀末に起きたルワンダのツチ族大虐殺など，偏見が高じて人殺しさえも常態となった悲しい歴史もある。このような不幸を繰り返さないためにも，他者や他民族に偏見をもつことの愚かさと恐ろしさをしっかり理解しておくことが必要だろう。

8. これだけは譲れない——価値観

　私たちが生きていくなかでは，さまざまな状況や問題の解決を迫られることがある。そのような事柄に直面したとき，ある問題に対する選択肢の中でとりうる最も望ましい道を指し示すもととなる考え方が価値観といえる。この価値観は，一般的には文化や社会の影響を大きく受けたものとなっており，同じ文化圏に育った場合，ある程度は共通した考えをもつ傾向があると考えられている。したがって，文化圏が異なれば，人々の価値観も大きく異なることとなる。例えば，日本は基本的な社会構造としては，和を重んじるなど，集団主義的でありながら，徐々に個人主義的な価値観が支配的になってきており，個人の行動における責任範囲は個人に限定される向きに縮小してきているといわれている。そ

れに対し，中国や韓国などアジア圏やアフリカ，南米など多くの国では叔父や叔母，遠い親戚など，拡大家族まで含んだ集団主義的価値観が優勢であり，個人の行動は家族全員の共同責任と捉えられている。個人主義的価値観の日本人が，集団主義的な考えの人と国際結婚をしたような場合，必ずといっていいほどもめるのが，家族や親族の面倒をどこまでみるかということであるようだ。集団主義的な国の人々の価値観からいえば，世話になった親兄弟や親戚縁者を助けるのはあたり前となるが，個人主義的発想からみれば，「どうしてそこまで面倒をみるのか皆目わからない」ということになる。

　そのほか，価値観の違いはさまざまな違いを生み出している。例えば，人間関係を重視し，集団や仲間との融和を重視する人々もいれば，個人の自由と物質的豊かさを目標にし，その夢の実現に向けて効率第一主義で突っ走る人々もいる。また，自然とは脅威の存在であるがゆえに，歯向かってはいけないと考える人もいれば，山を切り崩しダムを建設したり自由に自然を都合のいいように利用しようという考えの人もいる。このようにみていくと，生活のいろいろな場面で，われわれの生き方に方向性を与える価値観は，人間にとって最も根源的な個人の「核」のようなものであることがわかる。よって，自分の価値観を否定されることは人間性そのものの否定とまで感じられるほど，強い拒否感を伴うものとなることが多いようだ。異文化コミュニケーションにおいては，価値観のまったく異なる相手と対峙し，解決法を模索したり，共存を図ることが求められる。お互いの価値観を認め合いながら，いかにして納得のできるところで折り合いをつけるか，工夫と柔軟性が問われるところである。

9. これだけはしてはいけない──倫理観

　倫理とは「人の守るべき道」であり，道徳やモラルといわれるものとほとんど同義である。したがって倫理観とは，個人または社会が，何を正しく道徳的であるとみなすかというものの見方である。ある事態に直面した人がある考えを何らかの行動に移したときに，周囲の人々が「それは許せない」「そんなことをするとバチがあたる」といった反応があるとすれば，その行動は倫理観に合致していないことになる。

　文化が異なると当然このような倫理観も異なることになる。例えば，よく問題になるのが「賄賂」である。日本でも手術前の担当医にちょっとした心付けを渡したり，政治家への「献金」，お世話になっている先生などへのお中元やお歳暮など，外からみれば「賄賂」と捉えられかねないような金品授受の習慣があるにもかかわらず，外国に行って現地の政府関係者や公務員などからお金を要求された場合は，ひどく驚いて大騒ぎしたり，相手の人をひどく責めるといった反応になることが多いようだ。そんなとき，相手を非難するのではなく，現地の慣行はどうなっているのか，そしてどうしてそんなことが起こっているのかといった現地社会の物事の進め方や考え方の背景にある社会状況などについて理解しようとする冷静な態度が必要となる。とはいえ，「中絶」「安楽死」など，人の生死に関わる問題のように倫理観は人々の心の奥深くに存在しており，一度できてしまった倫理観を変えるのは大変難しく，また異なった倫理観を理解するのはもっと大変だ。対応を誤るとたちまち相手に対する不信感が倍加する危険をはらんでいるだけに，細心の注意が必要といえよう。

10. 問題解決への道筋——思考法

　思考法とは物事についての「接近の仕方，考え方，進め方の道筋」である。特定の問題を解決しなければいけないという点で同じ考えだったとしても，地域，集団，あるいは個人によってその解決への道筋が相当異なることがある。例えば，事例や経験をもとに，そこから理屈を割り出そうとする帰納的思考が好まれる場所もあれば，最初に理屈を考えたり理論を構築し，それを現実にあてはめていこうとする演繹的思考が幅を利かせているところもある。また，物事を小さなパーツに分解して分析するのが好まれたり，全体を統合的に判断するのがよしとされたり，はたまた結論に至るときにも白黒をはっきりするのがよいのか，はっきりさせない方がよいのかなど，さまざまである。このように，考え方の好みが異なるので，当然ある事象についての記述方法においても「ところ変われば品変わる」である。

　よく例に挙げられるのが，日本語と英語の文章の違いであろう。英語の文章においては，1つの段落においては，トピック・センテンスと呼ばれる最初の文章で示された内容に関しての記述だけを行うのが理想的であり，段落と段落は論理的につながり，まるでレンガを積み重ねたかのような堅牢な構造となることを目指して書かれる。一方，日本語においては，思い付くままに書き進め，長くなってきたところで適当に段落を変えているのではないかと思われるほど，段落の結束性については意識されることがほとんどないのが常であろう。こんなふうに異なるので，日本語で書かれた文章をそのまま英語にした場合，一文一文は完璧でも全体を読めば何がいいたいのかわからなかったり，まるで，くるくる円を描いたように，堂々めぐりでどこに論点が進んでいるのかもわからないなど，英語母語話者にはきわめて評判が悪いようだ。そ

んなことから、よく、日本語の文章は論理的でないとか、日本語は論理に向かないなどという人がいるが、よく考えてみるとそれはすなわち、英語圏で用いられている「論理的」というものさしに合わないだけであって、けっして日本語に「論理」がないわけではないのである。部分に分解し分析して、白黒はっきり付けるといったアメリカ式思考においても解決できない問題が山積している今日、統合的にみて、中庸を尊ぶという東洋的思考の利点を見直し、文化相対主義と同様に「論理の相対性」の必要性についても主張すべきときが来ているのかもしれない。　　　　　[H]

11.　一番賢いのは私たち？——自文化中心主義

　自文化中心主義とは、自分が住んでいる国や文化、自分の属する民族が一番であり、世界の中心に位置するという態度である。このような態度に固執していると異質の背景をもった人と軋轢が生じるのは目にみえている。ただし、人間はみな、多かれ少なかれ育った場所で培った常識や人付き合いの方法、価値観などを「あたり前」のものとして、それらの「ものさし」を基準に外の世界をみるものであり、人間として生まれたからにはみな自文化中心主義という降ろせない荷物を背負っているともいえる。しかし、偏見と同様に、自文化中心主義も極端になると、「大東亜共栄圏」の構築をもくろんだ日本のように、他国を侵略してその国の文化や言葉を奪うといった愚行に走ることになる。日本以外でも、南太平洋のタヒチ付近で核実験を行ったフランスや、世界の盟主たる気概とともに、民主主義を守るという大義を掲げて他国に侵攻するアメリカなど、自文化中心主義の態度は現在でも世界中にみられるが、このような姿勢を改めない限り、真の意味での多文化共生は望めないであろう。

12. ちょっと待て！——即断の傾向

　われわれはみな，異なる習慣や考え方に出会った際には，状況や相手の言っている意味合いを理解しようとするよりも，先にまず自分が今まで培ってきた「ものさし」と比較してそれが，よい，悪い，劣っている，優れている，正しい，正しくない，などと評価，判断をしてしまう傾向がある。人間は新しいものに遭遇した際，このように評価，判断するのが常であり，そのようにして危険を回避してきたため，ある意味では仕方がないとはいえるが，異文化の相手と対峙した際には少々やっかいな傾向といえる。なぜならば，一度何らかの判断を下してしまえば，それ以上考えなくなるのが普通であるし，そのうえ，「自文化中心主義」から逃れられないわれわれは，自分と異なる慣習や考え方には批判的，または否定的な反応をする傾向があるからである。

　しかし，例えば自分のことをよく知らない相手に自分の考え方ややり方を批判されたり，勝手に否定的な評価をされたらどんな思いがするかを考えてみればわかるように，人間誰しも相手から否定的にみられるのは嫌なものだ。文化は非常に複雑に絡み合ったシステムのようなものであり，文化に影響を受けながらも，個性ある存在の1人の人間の行動をよそ者が一瞥で理解するのはほぼ不可能である。そのことを忘れないよう，判断，評価している自分に気づいたら，「ちょっと待て！」と自分にストップをかける癖をつけるようにしてみてはいかがだろうか。　　　　［H］

　本章でこれまで論じてきたことと，本書全体の議論をまとめると次頁の図のようになる。

図　異文化摩擦の要因

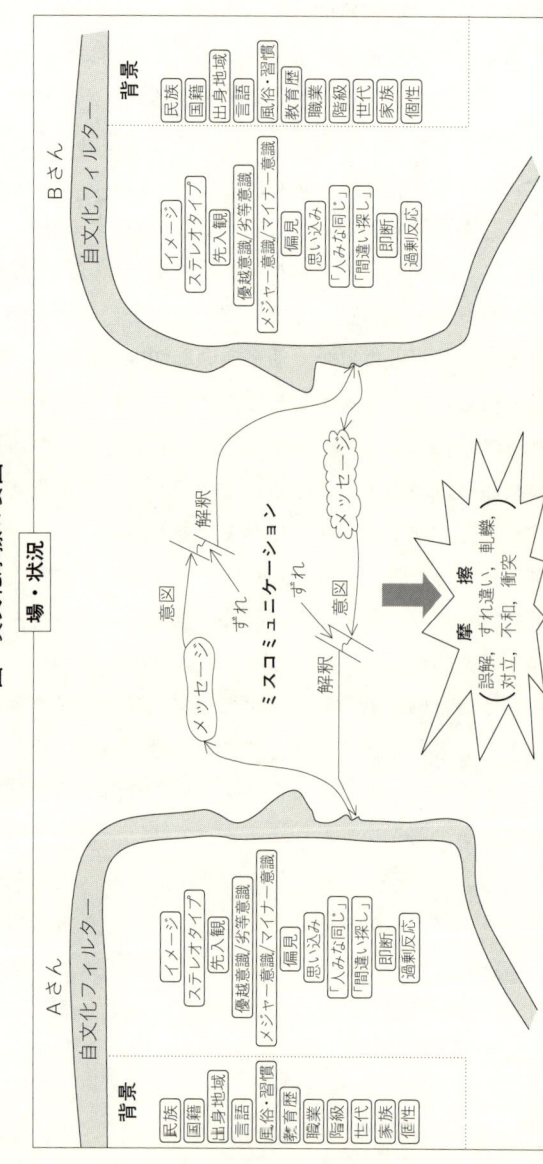

| 場・状況 |

Aさん
自文化フィルター
背景
- 民族
- 国籍
- 出身地域
- 言語
- 風俗・習慣
- 教育歴
- 職業
- 階級
- 世代
- 家族
- 個性

- イメージ
- ステレオタイプ
- 先入観
- 優越意識/劣等意識
- メジャー意識/マイナー意識
- 偏見
- 思い込み
- 「みんな同じ」
- 「間違い探し」
- 即断
- 過剰反応

Bさん
自文化フィルター
背景
- 民族
- 国籍
- 出身地域
- 言語
- 風俗・習慣
- 教育歴
- 職業
- 階級
- 世代
- 家族
- 個性

- イメージ
- ステレオタイプ
- 先入観
- 優越意識/劣等意識
- メジャー意識/マイナー意識
- 偏見
- 思い込み
- 「みんな同じ」
- 「間違い探し」
- 即断
- 過剰反応

ミスコミュニケーション
メッセージ　意図　解釈　ずれ
ずれ
解釈　意図　メッセージ

摩擦
（誤解、ずれ違い、軋轢、対立、不和、衝突）

(注)　自文化フィルター：自文化内で社会化される過程で自然に学びとった思考の偏りで、その例としてイメージやステレオタイプなどを挙げている。
　　　ミスコミュニケーション：二者間で自分の意図したことが相手に伝わらず、お互いに異なった解釈をしているのに、それに気づいていない状態。
　　　摩擦：ミスコミュニケーションが修正されない現象として生じる結果として、その例としてすれ違いや軋轢を挙げている。

あとがき

　「グローバル化」や「多文化共生」という言葉の華やかなイメージだけが独り歩きしているかのような昨今である。しかし，現実には，私たちの住んでいる社会はさまざまな文化背景をもつ人々が平和的に混住・共生するといった実質的な「国際化」にはほど遠く，難民や外国人に対してきわめて冷たい法制度のもと，「日本国籍」をもつ人々だけがさまざまな権利を享受するような閉鎖的なところといわざるをえない。また，「異なる」ということに拒否感を抱いたり，否定的な意味づけをしてしまう人もまだまだ多く，本書で取り上げた外国人，帰国生，障害者，同性愛者など，いろいろな面で他者と「異なる」ところがある人たちにとってけっして居心地のよい場所とはいえないのが現在の日本の姿である。

　本書は，このように多くの問題を抱える日本社会に住む「多数派」の人々に向けての著者たちのメッセージとして執筆した。本書のさまざまなケースに登場する「異文化」の人々の声に耳を傾け，メッセージの意味を考え，まわりの人たちと話し合うなかで，自分と異なる考え方やものの見方に触れ，また自分の基準となっている文化的価値観や思考法などについても振り返ってみてほしい。そうした試行的な「異文化コミュニケーション体験」を繰り返すことによって，少しずつでも「文化的感受性」(cultural sensitivity) のレベルを上げることができれば，日常生活においても，自分と他者との違いに敏感になり，結果的には「異文化」の相手とのコミュニケーション上のすれ違いも減らせるのではないだろ

うかと考えた。

　また,「異質な他者との出会い」はけっして否定的な意味合いをもつものではないはずである。それを「悪者」にしているのは,「異質＝好ましくない」とする私たちの凝り固まった狭い視野である。別の角度からの新鮮な視野の存在に気づかせてくれ,私たちが柔軟な思考を手に入れるための手助けをしてくれるのが,さまざまな意味での「異文化の他者」である。本書で繰り返し述べてきたように,「異文化コミュニケーション」はけっして外国人との関わりだけを意味しない。本書を読み終わった後には,ぜひ積極的に自分のまわりにいる「異文化」の人々とコミュニケーションの実践を試み,そこでのさまざまな体験から考察を深めていただければ幸いである。

　最後に,本書の刊行に関しては,企画段階を含めて,有斐閣書籍編集第二部の櫻井堂雄氏に一方ならぬお世話になった。また,イラストレーターのオカダケイコ氏には,ここぞと思われる箇所にぴったりしたイラストを入れていただいた。そして,『クロスロード』編集室の俊野香織氏には多くの貴重な写真を提供していただいた。ここに衷心より感謝の意を表したい。

2007 年 7 月

　　　　　　　　　　　　　　　　　　　久 米 昭 元
　　　　　　　　　　　　　　　　　　　長谷川典子

参考文献

『アエラ』1997年6月23日号, 12-13.
青野篤子・森永康子・土肥伊都子 (1999)『ジェンダーの心理学――「男女の思い込み」を科学する』ミネルヴァ書房
『朝日新聞』1998年12月6日
『朝日新聞』2003年10月31日〜11月2日
アドラー, N. J. (1992)『異文化組織のマネジメント』(江夏健一・桑名義晴監訳) マグロウヒル出版
天野正治・村田翼夫編 (2001)『多文化共生社会の教育』玉川大学出版部
安藤博 (1991)『日米情報摩擦』岩波書店
池田理知子・クレーマー, E. M. (2000)『異文化コミュニケーション・入門』有斐閣
伊佐雅子 (2000)『女性の帰国適応問題の研究――異文化受容と帰国適応問題の実証的研究』多賀出版
石井敏・久米昭元編 (2005)『異文化コミュニケーション研究法――テーマの着想から論文の書き方まで』有斐閣
石井敏・久米昭元・遠山淳編 (2001)『異文化コミュニケーションの理論――新しいパラダイムを求めて』有斐閣
石井米雄ほか監修 (1999)『東南アジアを知る事典』(新訂増補) 平凡社
石黒武人 (2007)「謝罪をめぐる日米文化摩擦――ハワイ沖実習船衝突事故に関する新聞報道の内容分析」『異文化コミュニケーション論集』第5号, 立教大学大学院・異文化コミュニケーション研究科, 107-120.
石田英夫 (1997)「中国人との交渉――文献サーベイ」『組織行動研究』No.27, 慶応義塾大学産業研究所行動科学モノグラフ
井出祥子 (1979)『女のことば男のことば』日本経済通信社
井出祥子 (2006)『わきまえの語用論』大修館書店
井出祥子・平賀正子編 (2005)『異文化とコミュニケーション』(講座社会言語科学第1巻) ひつじ書房
稲村博 (1980)『日本人の海外不適応』日本放送出版協会
井上孝代編 (2005)『コンフリクト転換のカウンセリング――対人的問題解決の基礎』川島書店
岩男寿美子・萩原滋 (1988)『日本で学ぶ留学生――社会心理学的分析』勁草書房
岩隈美穂 (2002)「障害者, 高齢者とのコミュニケーション」伊佐雅子監修

『多文化社会と異文化コミュニケーション』三修社

ウィルキンソン，E.（1992）『誤解──日米欧摩擦の解剖学』（白須英子訳）中央公論社

上原麻子（1996）「異文化間コミュニケーション研究の現状と課題」『異文化間教育』10号，59-74.

上原麻子（研究代表者）（2003）「青年海外協力隊員の適応に関する基礎的研究」平成13～14年度科学研究費補助金（萌芽研究）研究成果報告書

牛尾治朗（1981）『若き旗手たちの行動原理──ニュー・リーダーシップのための20章』PHP研究所

宇野善康（1990）『《普及学》講義──イノベーション時代の最新科学』有斐閣

宇野善康・澤木敬郎・鈴木孝夫・鶴見和子・鳥羽欽一郎・野元菊雄（1982）『国際摩擦のメカニズム──異文化屈折理論をめぐって』サイエンス社

海野素央（2002）『異文化ビジネスハンドブック──事例と対処法』学文社

NHK取材班編（1996）『アメリカの中の原爆論争──戦後50年スミソニアン展示の波紋』ダイヤモンド社

衛藤瀋吉編（1980）『日本をめぐる文化摩擦』弘文堂

江淵一公編（1997）『異文化間教育研究入門』玉川大学出版部

太田博昭（1991）『パリ症候群』トラベルジャーナル

大橋敏子・近藤祐一・秦喜美恵・堀江学・横田雅弘（1992）『外国人留学生とのコミュニケーション・ハンドブック──トラブルから学ぶ異文化理解』アルク

大林太良編（1982）『文化摩擦の一般理論』厳南堂書店

岡隆・佐藤達哉・池上知子編（1997）『偏見とステレオタイプの心理学』（現代のエスプリ384）至文堂

岡部朗一（1988）『異文化を読む──日米間のコミュニケーション』南雲堂

岡部朗一（1992）『政治コミュニケーション──アメリカの説得構造を探る』有斐閣

小川浩一編（2005）『マス・コミュニケーションへの接近』八千代出版

小澤徳太郎（2006）『スウェーデンに学ぶ「持続可能な社会」──安心と安全の国づくりとは何か』朝日新聞社

カーカップ，J.・中野道雄（1973）『日本人と英米人──身ぶり・行動パターンの比較』大修館書店

梶田正巳（1997）『異文化に育つ日本の子ども──アメリカの学校文化のなかで』中央公論社

鹿嶋敬（2000）『男女摩擦』岩波書店

片倉もとこ（1998）『「移動文化」考──イスラームの世界をたずねて』岩波書店

片倉もとこ編集代表（2002）『イスラーム世界事典』明石書店
加藤秀俊（2004）『多文化共生のジレンマ──グローバリゼーションのなかの日本』明石書店
カトリック横浜教区滞日外国人と連帯する会編（1998）『日本で暮らす外国人のための生活マニュアル──役立つ情報とトラブル解決法』（1999年版）スリーエーネットワーク
金丸健二（2002）『私は一度も中国人に騙されたことはない──中国ビジネス成功の秘訣』ジャパンタイムズ
金山宣夫（1976）『文化の衝撃──国際化社会の日本人』研究社出版
カールソン，けい子・スミット，N.（1990）『米国ビジネス現場の困った日本人──111のトラブル』ネスコ
河合隼雄（1998）『日本人の心のゆくえ』岩波書店
河合隼雄・石井米雄（2002）『日本人とグローバリゼーション』講談社
川竹和夫（1988）『ニッポンのイメージ──マスメディアの効果』日本放送出版協会
河谷隆司（2003）『アジア発異文化マネジメントガイド』PHP研究所
川端末人・多田孝志編（1990）『世界に子どもをひらく──国際理解教育の実践的研究』創友社
木村万平（1999）『鴨川の景観は守られた──"ポン・デ・ザール"勝利の記録』かもがわ出版
グディカンスト，W. B.（1993）『異文化に橋を架ける──効果的なコミュニケーション』（ICC研究会訳）聖文社
久保田賢一（1999）『開発コミュニケーション──地球市民によるグローバルネットワークづくり』明石書店
久保田真弓（2001）『「あいづち」は人を活かす──新しいコミュニケーションのすすめ』廣済堂出版
久米昭元（1995）「文化摩擦とコミュニケーション」大鹿譲・呉満・小林路義編『体験的異文化コミュニケーション』泰流社，8-28.
久米昭元（2001）「集団・組織内の意思形成試論」石井敏・久米昭元・遠山淳編『異文化コミュニケーションの理論──新しいパラダイムを求めて』有斐閣，177-188.
クラーク，クリフォード・リップ，ダグラス（1999）『グローバルマネジメント──危機回避の7つの警告』（賀川洋監修）アスペクト
倉地曉美（1992）『対話からの異文化理解』勁草書房
倉地曉美（1998）『多文化共生の教育』勁草書房
『クロスロード』2006年12月号，独立行政法人国際協力機構青年海外協力隊事務局，22-25.
『クロスロード』2007年1月号，独立行政法人国際協力機構青年海外協力隊

事務局, 52.
黒田東彦編 (1996)『国際交渉——異文化の衝撃と対応』研究社出版
グロータース, W. A. (1979)『誤訳』(新版, 柴田武訳) 三省堂
経済広報センター・慶応義塾大学商学会編, コーディネーター和気洋子 (1995)『日本の国際貢献』有斐閣
ケリー, P. M.・カーティス, H.・ケリー, エリ (1990)『ケリーさんのすれちがい 100——日米ことば摩擦』三省堂
小出英昭・高山港 (1978)『恥ずかしい海外旅行』青年書館
国際結婚を考える会編 (1994)『国際結婚ハンドブック——外国人と結婚したら……』明石書店
小菅清 (1998)『不良外国人男女にだまされない本——日本人と在日のための国際困り事相談実例集』データハウス
佐藤郡衛編 (1995)『転換期にたつ帰国子女教育』多賀出版
シタラム, K. S. (1985)『異文化間コミュニケーション——欧米中心主義からの脱却』(御堂岡潔訳) 東京創元社
志水真理子 (1995)『患者とのコミュニケーション』ふれあい企画
志村史夫 (1992)『体験的・日米摩擦の文化論』丸善
示村陽一 (1995)「ヒロシマ 対 真珠湾——日米のマスメディアとパーセプション・ギャップ」『異文化コミュニケーション研究』第 7 号, 神田外語大学・異文化コミュニケーション研究所, 81-96.
白水繁彦編 (1996)『エスニック・メディア——多文化社会日本をめざして』明石書店
シロニー, B. A. (1986)『誤訳される日本——なぜ, 世界で除け者にされるのか』(山本七平監訳) 光文社
『しんぶん赤旗』2004 年 2 月 13 日
末田清子・福田浩子 (2003)『コミュニケーション学——その展望と視点』松柏社
スケーブランド, G. P.・シムズ, S. M. (1992)『世界文化情報事典——カルチャーグラム 102』(古田暁編訳) 大修館書店
鈴木健二 (1992)『日米「危機」と報道』岩波書店
鈴木みどり編 (2001)『メディア・リテラシーの現在と未来』世界思想社
スチュワート, E. C. (1982)『アメリカ人の思考法——文化摩擦とコミュニケーション』(久米昭元訳) 創元社
清ルミ (1998)「外国人社員と日本人社員」『異文化コミュニケーション研究』第 10 号, 神田外語大学・異文化コミュニケーション研究所, 57-73.
瀬下恵介 (1983)『外人社員——日本ビジネス体験記』TBS ブリタニカ
徐龍達・遠山淳・橋内武編 (2000)『多文化共生社会への展望』日本評論社
祖父江孝男 (1971)『県民性——文化人類学的考察』中央公論新社

高杉忠明 (1992)「湾岸戦争と日本の対応」『異文化コミュニケーション研究』第4号, 神田外語大学・異文化コミュニケーション研究所, 67-81.

高橋順一・中山治・御堂岡潔・渡辺文夫編 (1991)『異文化へのストラテジー——国際化の時代と相互発展』川島書店

田中共子 (2000)『留学生のソーシャル・ネットワークとソーシャル・スキル』ナカニシヤ出版

田淵五十生 (1998)『〈体験〉国際理解と教育風土——英国ヨーク大学からの便り』アカデミア出版会

地球環境戦略研究機関編 (2001)『環境メディア論』中央法規出版

恒吉僚子・ブーコック, S. 編 (1997)『育児の国際比較——子ども社会と親たち』日本放送出版協会

鶴見和子 (1982)「国際コミュニケーションにおける誤解の起因と機能——公文書および公式演説の分析」宇野善康・澤木敬郎・鈴木孝夫・鶴見和子・鳥羽欽一郎・野元菊雄『国際摩擦のメカニズム——異文化屈折理論をめぐって』サイエンス社, 129-165.

手塚千鶴子 (2002)「日米の原爆認識——沈黙の視点からの一考察」『異文化コミュニケーション研究』第14号, 神田外語大学・異文化コミュニケーション研究所, 79-97.

辻村明・金圭煥・生田正輝 (1982)『日本と韓国の文化摩擦——日韓コミュニケーション・ギャップの研究』出光書店

辻村明・古畑和孝・飽戸弘編 (1987)『世界は日本をどう見ているか——対日イメージの研究』日本評論社

テレビ東京「地球見聞録」取材班 (2001)『世界の涯ての28000人の日本人——ODA (政府開発援助) 活動の現場』角川書店

『統一日報』1995年4月29日

東海大学教育開発研究所編, 松本茂監修, 松本茂・御堂岡潔・渡辺文夫・清ルミ・板場良久・鈴木健 (2000)『コミュニケーション教育の現状と課題』英潮社

東山安子・フォード, ローラ編 (2003)『日米ボディートーク——身ぶり・表情・しぐさの辞典』三省堂

徳井厚子 (1995)「誤解はどこから生まれるか——留学生と日本人学生のコミュニケーションブレークダウンへの対処をめぐって」『信州大学教育学部紀要』86号, 87-97.

徳井厚子 (2002)『多文化共生のコミュニケーション——日本語教育の現場から』アルク

徳井厚子・桝本智子 (2006)『対人関係構築のためのコミュニケーション入門——日本語教師のために』ひつじ書房

徳永美曉 (1995)「言語表現と文化——日本語と英語」『異文化コミュニケー

ション研究』第7号,神田外語大学・異文化コミュニケーション研究所,97-116.

富田仁編(1989)『海外交流史事典』日外アソシエーツ

富永健一(1990)『日本の近代化と社会変動——デュービンゲン講義』講談社

塘利枝子(1999)『子どもの異文化受容——異文化共生を育むための態度形成』ナカニシヤ出版

トリアンディス,H. C.(2002)『個人主義と集団主義——2つのレンズを通して読み解く文化』(神山貴弥・藤原武弘編訳)北大路書房

鳥飼玖美子(2001)『歴史をかえた誤訳』新潮社

直塚玲子(1980)『欧米人が沈黙するとき——異文化間のコミュニケーション』大修館書店

中西晃編(1991)『国際的資質とその形成——国際理解教育の実証的基礎研究』多賀出版

中根千枝(1972)『適応の条件——日本的連続の思考』講談社

中野道雄(2002)『動作と行動の意味論——非言語伝達の研究』英宝社

灘光洋子(2001)「法廷通訳人が直面する問題点——文化的差異をどう捉えるか」『異文化コミュニケーション研究』第13号,神田外語大学・異文化コミュニケーション研究所,59-82.

西田ひろ子(1989)『日米コミュニケーション・ギャップ——実例で見る』大修館書店

西田ひろ子編(2003)『日本企業で働く日系ブラジル人と日本人の間の異文化間コミュニケーション摩擦』創元社

西山千(1972)『誤解と理解——日本人とアメリカ人』サイマル出版会

21世紀研究会(2000)『民族の世界地図』文藝春秋

日本在外企業協会編(1991)『経験者が語る職場・コミュニティの実用ノウハウ ヨーロッパ編』(海外派遣者ハンドブック)日本在外企業協会

日本在外企業協会編(1992)『経験者が語る職場・コミュニティの実用ノウハウ 中国編』(海外派遣者ハンドブック)日本在外企業協会

日本時事英語学会編(1988)『日米情報摩擦——英語マスメディアに見る経済紛争』大修館書店

日本人研究会編(1997)『日本人の対外国態度』(日本人研究5)至誠堂

日本文化会議編(1979)『国際誤解の構造——東西文化比較研究』PHP研究所

『ニューズウィーク』日本語版,1994年1月12日号

ネウストプニー,J. V.(1982)『外国人とのコミュニケーション』岩波書店

ハウエル,W. S.・久米昭元(1992)『感性のコミュニケーション——対人融和のダイナミズムを探る』大修館書店

橋本満弘・石井敏編（1993）『コミュニケーション論入門』桐原書店

長谷川典子（2005a）「テレビドラマ『冬のソナタ』の受容研究——日韓コミュニケーションの視点から」『多文化関係学』第2巻，15-30.

長谷川典子（2005b）「対韓イメージの質的研究——ドラマ視聴が生む心理的変化の考察」『異文化コミュニケーション』第8巻，67-86.

長谷川典子（2007a）「韓国製テレビドラマ視聴による態度変容の研究——異文化間教育の視点から」『異文化間教育』第25号，58-73.

長谷川典子（2007b）「対韓イメージの質的研究II——ドラマ視聴が生む心理的変化の経時的調査」『異文化コミュニケーション』第10巻，63-82.

林吉郎（1994）『異文化インターフェイス経営——国際化と日本的経営』日本経済新聞社

林吉郎・福島由美（2003）『異端パワー——「個の市場価値」を活かす組織革新』日本経済新聞社

バーンランド，D. C.（1979）『日本人の表現構造——公的自己と私的自己・アメリカ人との比較 新版』（西山千・佐野雅子訳）サイマル出版会

樋口健夫・樋口容視子（1986）『住んでみたサウジアラビア——アラビア人との愉快なふれあい』サイマル出版会

ピータース，ウイリアム（1988）『青い目茶色い目——人種差別と闘った教育の記録』（白石文人訳）日本放送出版協会

100のトラブル解決マニュアル調査研究グループ編（1996）『外国人留学生の100のトラブル解決マニュアル——異文化理解のための』凡人社

平賀正子（1997）「品物としての女——メタファーに見られる女性観」井出祥子編『女性語の世界』明治書院

平野健一郎監修（2001）『「対日関係」を知る事典』平凡社

ファーカス，J.・河野守夫（1987）『アメリカの日本人生徒たち——異文化間教育論』東京書籍

深田祐介（1976）『西洋交際始末』文藝春秋

福澤英敏（2002）『国際結婚——ナタリアとの場合』近代文芸社

フクシマ，グレン（1992）『日米経済摩擦の政治学』（渡辺敏訳）朝日新聞社

藤田忠編（1980）『交渉力——攻撃と譲歩の研究』プレジデント社

船川淳志（2001）『多文化時代のグローバル経営——トランスカルチュラル・マネジメント』ピアソン・エデュケーション

船橋洋一（1987）『日米経済摩擦——その舞台裏』岩波書店

古田暁監修，石井敏・岡部朗一・久米昭元（1996）『異文化コミュニケーション——新・国際人への条件』（改訂版）有斐閣

古田暁・石井敏・岡部朗一・平井一弘・久米昭元（2001）『異文化コミュニケーション・キーワード』（新版）有斐閣

ベイ，アリフィン（1975）『インドネシアのこころ』（奥源造編訳）文遊社

宝来聰 (1997)『DNA 人類進化学』岩波書店
星野命編 (1980)『カルチャー・ショック』(現代のエスプリ 161) 至文堂
星野命編 (1998)『対人関係の心理学』日本評論社
細川隆雄 (2002)「捕鯨問題に見る異文化の対立についての考察——2002 年 IWC 下関会議を中心に」多文化関係学会発表論文
ホフステード, G. (1995)『多文化世界——違いを学び共存への道を探る』(岩井紀子・岩井八郎訳) 有斐閣
ホームズ, H.・タントンタウィー, スチャーダー (2000)『タイ人と働く——ヒエラルキー的社会と気配りの世界』(末廣昭訳) めこん
ホール, E. T. (1979)『文化を超えて』(岩田慶治・谷泰訳) TBS ブリタニカ
ホール, E. T. (1983)『文化としての時間』(宇波彰訳) TBS ブリタニカ
ホワイティング, R. (1977)『菊とバット——プロ野球にみるニッポンスタイル』(鈴木武樹訳) サイマル出版会
ホワイティング, R. (1990)『和をもって日本となす』(玉木正之訳) 角川書店
『毎日新聞』1991 年 2 月 14 日
毎日新聞社会部 ODA 取材班 (1990)『国際援助ビジネス——ODA はどう使われているか』亜紀書房
マーチ, R. M. (1987)『誰も言わなかったニッポンの誤解——わが愛する日本人だから敢えて問う』経済界
松田陽子 (1998)「外国人住民と日本人のプロダクティブ・コミュニケーションに向けて——阪神・淡路大震災に関わる調査研究から」『人文論集』第 34 巻第 1・2 号, 神戸商科大学学術研究会
松田陽子 (2005)『オーストラリアの言語政策と多文化主義——多文化共生社会に向けて』兵庫県立大学経済経営研究所
松村正義 (2002)『国際交流史——近現代日本の広報文化外交と民間交流』(新版) 地人館
水上徹男 (1996)『異文化社会適応の理論——グローバル・マイグレーション時代に向けて』ハーベスト社
御手洗昭治 (2003)『ハーバード流思考法で鍛えるグローバル・ネゴシエーション』総合法令出版
御手洗昭治 (2004)『多文化共生時代のコミュニケーション力』ゆまに書房
御堂岡潔 (1997)「マス・コミュニケーション」石井敏・久米昭元・遠山淳・平井一弘・松本茂・御堂岡潔『異文化コミュニケーション・ハンドブック——基礎知識から応用・実践まで』有斐閣, 78-82.
箕浦康子 (1990)『文化のなかの子ども』東京大学出版会
箕浦康子 (研究代表者) (1998)『日本人学生と留学生——相互理解のための

アクションリサーチ』平成7, 8, 9年度文部省科学研究費補助金研究成果報告書（課題番号 07301029）

箕浦康子（研究代表者）（2002）『日本における文化接触研究の集大成と理論化』平成12年度〜13年度文部省科学研究費補助金基盤研究(C)(2)研究成果報告書（課題番号 12610118）

宮島喬（2003）『共に生きられる日本へ——外国人施策とその課題』有斐閣

宮智宗七（1990）『帰国子女——逆カルチュア・ショックの波紋』中央公論社

宮原哲（2006）『入門コミュニケーション論』（新版）松柏社

村山元英（1979）『わが家の日米文化合戦』PHP研究所

毛受敏浩（2003）『異文化体験入門』明石書店

毛受敏浩編（2003）『草の根の国際交流と国際協力』明石書店

八島智子（2004）『第二言語コミュニケーションと異文化適応——国際的対人関係の構築をめざして』多賀出版

八代京子監修，鈴木有香（2004）『交渉とミディエーション——協調的問題解決のためのコミュニケーション』三修社

八代京子・町恵理子・小池浩子・磯貝友子（1998）『異文化トレーニング——ボーダレス社会を生きる』三修社

安福恵美子（2000）「ツーリズムの社会的・文化的インパクト——ツーリストとホストの異文化接触を中心に」『異文化コミュニケーション研究』第12号，神田外語大学・異文化コミュニケーション研究所，97-112.

山口生史（2000）「組織内異文化間コミュニケーション」西田ひろ子編『異文化間コミュニケーション入門』創元社

山本敏晴（2002）『世界で一番いのちの短い国——シエラレオネの国境なき医師団』白水社

ユネスコ編（2005）『持続可能な未来のための学習』（阿部治・野田研一・鳥飼玖美子監訳）立教大学出版会

横田雅弘・堀江学編（1994）『異文化接触と日本人』（現代のエスプリ 322）至文堂

吉川宗男・行廣泰三（1989）『文化摩擦解消のいとぐち——異文化間コミュニケーション』人間の科学社

吉武光世・久富節子（2001）『じょうずに聴いてじょうずに話そう——カウンセリング・マインドとコミュニケーション・スキルを学ぶ』学文社

陸慶和（2001）『こんな中国人，こんな日本人——ひとりの中国人教師から見た中国と日本』（澤谷敏行編，澤谷敏行・春木紳輔・切通しのぶ訳）関西学院大学出版会

『ワイキキビーチプレス』2001年8月17日〜31日

我妻洋（1985）『日本人とアメリカ人ここが大違い——貿易摩擦の底にひそ

む誤解と偏見』ネスコ
我妻洋・米山俊直(1967)『偏見の構造——日本人の人種観』日本放送出版協会
ワズラウィック, P.(1978)『あなたは誤解されている——意思疎通の技術』(小林薫訳)光文社
渡戸一郎・川村千鶴子編(2002)『多文化教育を拓く——マルチカルチュラルな日本の現実のなかで』明石書店
渡辺文夫(1993)『異文化間コンフリクト・マネジメント——地球社会時代を生きぬくために』(現代のエスプリ 308)至文堂
渡辺文夫編(1995)『異文化接触の心理学——その現状と理論』川島書店
渡辺文夫(1997)「国際協力」石井敏・久米昭元・遠山淳・平井一弘・松本茂・御堂岡潔編『異文化コミュニケーション・ハンドブック——基礎知識から応用・実践まで』有斐閣, 193-198.

Aonuma, Satoru (2005) *The Enola Gay in American Memory: A Case Study of Rhetoric in Historical Controversy*. Ph. D. Dissertation, Wayne State University.

Bey, H. Arifin (2003) *Beyond Civilizational Dialogue: A Multicultural Symbiosis in the Service of World Politics*. Jakarta: Paramandina.

Brabant, S., Palmer, C. E. & Gramling, R. (1990) Returning Home: An Empirical Investigation of Cross-cultural Reentry. *International Journal of Intercultural Relations*, 14, 387-404.

Braithwaite, Dawn O. & Wood, Julia T. eds. (2000) *Case Studies in Interpersonal Communication: Processes and Problems*. Belmont, Calif.: Wadsworth.

Brislin, Richard W. (1981) *Cross-Cultural Encounters: Face-to-Face Interaction*. New York: Pergamon Press.

Carroll, Raymonde (1988) Cultural Misunderstandings: The French-American Experience. (Translated by Carol Volk), Chicago: The University of Chicago Press.

Chen, Guo-Ming & Starosta, William J. (1998) *Foundations of Intercultural Communication*. Boston: Allyn and Bacon.

Condon, John & Yousef, Fathis (1975) *Introduction to Intercultural Communication*. Indianapolis: Bobbs-Merrill.

Cushner, Kenneth & Brislin, Richard W. (1996) *Intercultural Interactions: A Practical Guide*, 2nd ed. Thousand Oaks, Calif.: Sage.

Gudykunst, W. B. & Kim, Y. Y. (1993) *Communicating with Strangers: An Approach to Intercultural Communication*, 2nd ed. New York: McGraw-Hill.

Hall, Edward T. (1966) *The Hidden Dimension*. Garden City, NY: Doubleday.

Hall, Edward T. (1983) *Dance of Life: The Other Dimension of Time*. Garden City, NY: Doubleday.

Harris, Philip R. & Moran, Robert Y. (1987) *Managing Cultural Differences*, 2nd ed. Houston: Gulf.

Imai, Chikage (1998) Recognition of Misunderstanding in Everyday Conversation. *Human Communication Studies*, Vol. 29.

Judit, Hidasi, (2005) *Intercultural Communication: An Outline*. Tokyo: Sangensha.

Kanno, Yasuko (2000) Kikokushijo as Bicultural. *International Journal of Intercultural Relations*, 24(3), 361-382.

Kohls, L. Robert (1996) *Survival Kit for Overseas Living: For Americans Planning to Live and Work Abroad*, 3rd ed. Yarmouth, Maine: Intercultural Press.

Kohls, L. R. & Knight, J. M. (1994) *Developing Intercultural Awareness: A Cross-cultural Training Handbook*, 2nd ed. Yarmouth Maine: Intercultural Press.

Kume, Teruyuki (1984) A Comparative Analysis of the Invitational Speeches at Baden-Baden by Nagoya and Seoul for the 1988 International Olympics. *JALT Journal*, May, 35-82.

Kume, Teruyuki (2007) Contrastive Prototypes of Communication Styles in Decision-Making: Mawashi Style vs. Tooshi Style. Michael B. Hinner ed. *The Influence of Culture in the World of Business*. Frankfurt am main: Peter Lang GmbH, 209-228.

Landis, Dan & Wasilewski, Jacqueline H. (1999) Reflections on 22 Years of the International Journal of Intercultural Relations and 23 years in other areas of intercultural practice. *International Journal of Intercultural Relations*, 23, 535-574.

Martin, Judith N. & Nakayama, Thomas K. (2000) *Experiencing Intercultural Communication: An Introduction*. New York: McGraw-Hill.

Miike, Yoshitaka (2006) Non-Western Theory in Western Research? An Asiacentric Agenda for Asian Communication Studies. *The Review of Communication*, 6, Number 1-2.

Muro, Mary (2001) *Intercultural Miscommunication: Tales of a Returnee's Culture Shock*. Tokyo: Seibido.

Nishiyama, Kazuo (1996) *Welcoming the Japanese Visitor: Insights, Tips, Tactics*. Honolulu: University of Hawaii Press.

Nishiyama, Kazuo (2000) *Doing Business with Japan: Successful Strategies for Intercultural Communication*. Honolulu: University of Hawaii Press.

Paige, R. Michael ed. (1993) *Education for the Intercultural Experience*. Yarmouth, Maine: Intercultural Press.

Sakamoto, Nancy & Naotsuka, Reiko (1982) *Polite Fictions: Why Japanese and Americans Seem Rude to Each Other*. Tokyo: Kinseido.

Stewart, Edward C. & Bennet, Milton (1992) *American Cultural Patterns: A Cross-Cultural Perspective*. Yarmouth, Maine: Intercultural Press.

Sugimoto, Naomi ed. (1999) *Japanese Apology Across Disciplines*. New York: Nova Science Publishers.

Tannen, Deborah (1990) *You Just Don't Understand: Women and Men in Conversation*. New York: Ballantine.

Ting-Toomey, Stella (1988) Intercultural Conflict Styles: A Face-Negotiation Theory, in Y. Y. Kim & W. Gudykunst eds. *Theories in Intercultural Communication*. Newbury Park, Calif.: Sage.

Ting-Toomey, Stella (1999) *Communicating across Cultures*. New York: The Guilford Press.

Ting-Toomey, Stella & Chung, Leeva C. (2005) *Understanding Intercultural Communication*. Los Angeles, Calif.: Roxbury.

Ting-Toomey, Stella & Oetzel, John G. (2001) *Managing Intercultural Conflict Effectively*. Thousand Oaks, Calif.: Sage.

Uehara, Asako (1986) The Nature of American Student Re-entry Adjustment and Perceptions of the Sojourn Experience. *International Journal of Intercultural Relations*, 10, 415–438.

Wiley, P. B. (1990) *Yankees in the Land of Gods: Commodore Perry and the Opening of Japan*. New York: Viking.

Wood, Julia T. (2001) *Gendered Lives: Communication, Gender, and Culture*, 4th ed. Belmont, Calif.: Wadsworth.

Wood, Julia T. (2002) *Interpersonal Communication: Everyday Encounters*, 3rd ed. Belmont, Calif.: Wadsworth.

索　引

A—Z
ALT　→外国語指導助手
CA　→キャビン・アテンダント
ESL　→第二言語としての英語
G8サミット　→主要国首脳会議
honor killing（名誉の殺人）　183
I language　71
IOC　→国際オリンピック委員会
IWC　→国際捕鯨委員会
JICA　→国際協力機構
Mタイム　104, 227
NGO　→非政府組織
NPO　199
ODA　→政府開発援助
OJT　→実地訓練
Pタイム　227
TCK　→サード・カルチャー・キッズ
UNHCR　→国際連合難民高等弁務官事務所
WHO　→世界保健機関
you language　71

あ　行
愛国戦線　204
アイコンタクト　164
挨　拶　146
愛情表現　77
あいづち　76
アイデンティティ　41
アイデンティティ・クライシス　41
曖昧性　101
曖昧な状況　160
曖昧表現　30
アカデミック・アドバイザー（指導教授）　100
アグリ・ツーリズム（農村滞在型の観光）　137
アジア　47, 107
アジェンダ・セッティング（議題設定）　218
遊　び　78
圧力団体　210
軋　轢　149, 223
アドラー, N. J.　124
アナログ型　166
アフリカ人　181, 201, 221
アポイントメント　104
アメリカ　91
アメリカ暮らし　50
アメリカ東海岸　100
アユタヤ　194
安心感　44
安　全　132
安全神話　147
安全性　162
安全対策　147
安全保障理事会　154
アンティグア・バーブーダ　168
暗黙の了解事項　4, 86
安楽死　169, 232
怒りや悲しみの記憶　213
異議申し立て　167
イギリス　91
池　袋　36
意識調査　187
意思表示　104
異人　→ストレンジャー
石井米雄　195
以心伝心　3
異性間コミュニケーション　76
イタリア人　229
遺伝子情報　46

意図と解釈　223
異文化　5
　——への適応　54
異文化環境　136
異文化結婚　87
異文化研修　110
異文化コミュニケーション能力　159
異文化シナジー　124
異文化衝突　7
異文化接触　7
異文化摩擦　9
異文化メディア　215
異文化理解　58
移民　23
異民族　207
イメージ　226
イラン人　221
医療機器　197
医療サービス　111
医療チーム　155
色眼鏡　48
違和感　58, 135
岩隈美穂　66
インターナショナル・スクール　40
インターネットの掲示板　220
インタープリター（解説者）　137
インド人集住　196
インドネシア　107
インフラの整備　198
内集団　23
英語　49
エコ・ツーリズム（自然や動植物の生態にふれ，学ぶ観光）　137
エスニック・ネットワーク　36
絵に描いた餅　184
エノラ・ゲイ号　208
エピソード　223
演繹的思考　233
縁故採用　113
援助活動　175
エンパシー　→感情移入

エンパワーメント　183
遠慮　57
欧米帝国主義　209
大阪（文化）　59, 85
お返し文化　117
緒方貞子　172
沖縄　46
沖縄返還　152
お客様は神様　144, 145
オーストラリア　91
オゾン層の破壊の防止　199
オフィススペース　121
オープンスペース方式　121
思い込み　224
折り合い　231
オリンピック招致活動　153
オールタナティブ・ツーリズム（もう1つの観光）　137

か 行

海外安全ホームページ　141
海外生活　43
海外赴任　40, 89
海外留学　89
海外旅行　89
解決法　231
解雇　112
外交交渉　152
外国かぶれ　40
外国語指導助手（ALT）　29
外国人　35
外国人支援　13
外国人集住現象　36
外国人選手　192
外国人像　220
外国人登録証　12
外国籍　13
外資系企業　11
外集団均質性効果　24
解職処分　99
外人（ガイジン）　35

解説者 →インタープリター
開発プロジェクト　199
海部首相　154
解放感　33
外来語　3
会話スタイル　75
カウンセラー　97
顔の表情　101, 164
顔を立てる　193
加害者　213
学習　78
学習環境　95
拡大家族　114
核兵器廃絶　213
化石燃料　198
家族　86
偏った報道　219
価値観　22, 230, 231
学級崩壊　61
合併・提携　166
割礼　183, 184
カテゴリー化　24
カナダ　68, 91
可変性　5
紙芝居　184
カミングアウト　80
カルチャーショック　43, 92
環境　89
環境型セクハラ　70
環境問題　173, 175
観光産業 →ツーリズム
韓国　46, 91
　——のファンサイト　216
韓国語　118
韓国的価値観　119
韓国ドラマ　217
韓国文化　217
関西　68
漢字変換の能力　51
感情移入（エンパシー）　214
感情の分かち合い　76

感情論　170
カンボジア　176
危機管理　111
危機事例　110, 223
帰国経験　53
帰国子女（帰国生）　40, 41
帰国生入試　47
記者会見　153
技術援助　176
犠牲者　212
期待感　160
議題設定 →アジェンダ・セッティング
北朝鮮　152
記念撮影　129
帰納的思考　233
岐阜市　190
キム（Kim, Y. Y.）　159
逆カルチャーショック　43
キャビン・アテンダント（CA）　130
給油艇　154
教育経験　82
教育プログラム　214
教科書問題　152
共感　76
教室文化　95
供述調書　139
強制送還　139
強制労働　212
競争心　188
共通語　68
共通点　225
京都　85
恐怖心　204
共文化　59
居住地域　59
議論　170
緊急医療　175
近所付き合い　111
近代日本の歴史　107
禁輸措置　154
クアラルンプール　138, 140

空間感覚　228
空気感　52
苦痛　191
グディカンスト（Gudykunst, W. B.）
　　101, 159
クラスメイト　111
グリーンピース　170
車椅子　64
黒子　186
グローバル化　1, 44, 237
経済制裁勧告　154
経済成長　198
携帯電話　61, 201
契約書　122
ケーススタディ　110
血縁関係　113
決定権　122
月面着陸　60
ケニア人　221
権威主義的パーソナリティ　23
嫌悪感　180
権限領域　156
現実認識　218
健常者　66
現地経営の諸問題　110
現地語　39
現地校　40
現地従業員　123
原爆投下　209
原爆の被害者　209
憲法　152
県民性　84
権力の座　206
交換文書　195
抗議デモ　99
講習会　177
交渉　151
交渉戦略　166
交渉代理人　167
交渉法　172
交渉力　172

香典　85
行動志向　157
行動による親密性　76
行動パターン　57
神戸　85
合弁会社　166
後方支援　155
傲慢な行動　184
効率主義　167
効率的　180
交流協定　189
誤解　13
語学研修　109
国際援助の問題点　197
国際オリンピック委員会（IOC）　160
国際機関　163
国際協力　57, 149, 175
国際協力機構（JICA）　57, 195
国際結婚　231
国際貢献　152
国際交渉　149
国際シンジケート　139
国際的信用　158
国際電話　128
国際犯罪特別法廷　204
国際ビジネス交渉　166
国際捕鯨委員会（IWC）　165
国際ボランティア　57, 199
国際連合　154
国際連合難民高等弁務官事務所
　（UNHCR）　175
国内カルチャーショック　86
国連平和協力法案　155
御朱印船　194
誤診　111
個人空間　228
個人主義的な感覚　193
個人的経験　229
個人の認知傾向　23
戸籍制度　12
国会決議　154

国家間協定　175
国境なき医師団　175
固定観念　228
子どもの権利条約　13
誤　報　207
コミュニケーション　3
　——の意欲　159
　——の場　186
コミュニケーション・スタイル　75
コミュニケーション不全症　1
コミュニケーション不足　192
コミュニケーション・ルール　136
混血集団　46
コンシェルジェ　142

■ さ　行

最悪のシナリオ　192
最低限の説明義務　192
在日韓国・朝鮮人　13
裁量権　172
サウジアラビア　154
錯　覚　229
サード・カルチャー・キッズ（TCK）　45
砂漠の嵐作戦　156
サーフィン　225
サブカルチャー　59
差　別　14
差別化　205
差別用語　35
サポート・グループ　64
サポート・ネットワーク　97
サリー　221
サリン事件　207
残虐行為　205
ジェスチャー　101
支援額　156
ジェンダー観の差異　55
ジェンダーギャップ　78
ジェンダーフリーな社会　79
ジェンダーロール　78

視覚遮断体験　67
時間感覚　157, 226
時間厳守　104, 227
しぐさ　89
試行錯誤　199
思考法　233
自己概念　91
自己肯定感　53
自己成長　92
自己像　21, 91
　——と現実の自分とのギャップ　58
自己像回復行動　21
自己の再発見　58
自己フィードバック　6
自己弁護　193
自己防御　72
自集団の団結　230
自助努力　178
視　線　145
事前折衝　171
自然や動植物の生態にふれ，学ぶ観光
　→エコ・ツーリズム
持続可能な開発　198
持続可能な社会　198
持続可能な地球社会の構築　173
自尊心の維持　159
時代の空気観　60
実験授業　205
実地訓練（OJT）　112
嫉　妬　188
失敗（事例）　198, 223
質　問　104
執拗な視線　33
失礼な行為　104
指導教授　→アカデミック・アドバイザー
シニア海外ボランティア　199
自爆テロ　2
自文化　21, 181
　——への再適応　54
自文化中心主義　146, 234

索　引　　255

自分の居場所　19
指紋の押捺　13
社会学　78
社交性　78
謝罪　104, 144
謝罪アナウンス　227
習慣　136
宗教　82
従業員教育　112
従軍慰安婦　212
就職活動　74
就職面接　165
集団主義的価値観　113
集団への所属　159
授業計画　31
授業の進め方　31
首都圏　68
主要国首脳会議（G8サミット）　153
準備折衝　153
ジョイント・ベンチャー　199
障害者　64
商業捕鯨　165
　——の全面禁止　165
上下関係　145
条件提示　166
常識　136
　——を超えた行動　187
　自分の——　132
冗談やユーモアの使い方　68
招致活動　160
情緒的アプローチ　167
情報　→メッセージ
情報開示　86
情報検索　216
情報収集能力　172
情報の偏り　202
ジョーク　88
食習慣　86
職場環境　125
植民地支配　206
食糧問題　173

女性的会話スタイル　77
女性同士の会話　75
女性のエンパワーメント　183
思慮深さ　→マインドフルネス
事例研究　207
新規採用者　112
人権救済委員会　141
人権侵害　140
人種　82
新宿　36
真珠湾攻撃　209, 211
親戚縁者　231
人的貢献　155
新入生オリエンテーション　100
審判交流　190
信頼関係　186
　——の構築　188
心理学　63, 78
心理的距離　215
数学　49
スウェーデン人　221
スキル　159
助っ人　192
ステレオタイプ　23
ストックホルム　165
ストレンジャー（異人）　101
スピーチ　162
　——の効果　164
スペース感覚　121
スミソニアン航空宇宙博物館　208
スリランカ　11
すれ違い　26, 103
生活様式　201
税関　139
政策実行過程　157
精神症状　92
聖地　228
青年海外協力隊　57, 199
政府開発援助（ODA）　176
西洋崇拝　35
世界遺産　127

世界観　219
世界的な危機状況　158
世界へのメッセージの発信　153
世界保健機関（WHO）　175
石油危機　60
セクハラ　70
世代間ギャップ　59
世代間の格差　60
石鹸作りの講習会　178
窃盗行為　116
説得行動　164
戦後賠償　176
先住民族　46
先進国　189
仙台　190
煽動放送　203
千の丘ラジオ　203
線引き　45
掃海艇　154
　　──の派遣　155
総経理　112
相互学習　41
相互理解　201
ソウル　160
即断　235
組織運営力　160
ソーシャルワーカー　63
訴訟　145
外グループ　214
祖父江孝男　84
存在感　173
村落開発普及員　177

た 行

タイ　107
退役軍人　213
大学院　105
大学の学園祭　99
大虐殺　202
体験学習　67
体験談　53

滞在期間　39, 55
滞在資格　97
第三の文化　45
代償型セクハラ　70
対人関係維持の能力　78
対人距離　136
代替エネルギー資源の開発　199
大東亜共栄圏　234
第二言語としての英語（ESL）　46
第二次世界大戦　152
第二文化　53
タイムワープ　83
対立　223
大量消費社会　1
台湾　107
妥協点　167
竹島（独島）問題　152
多国間交渉　171
多国籍企業　166
多国籍軍　155
多数派の思い上がり　16
建前　86
ターバン　221
ダブル　52
多文化組織　124
多民族化　222
団塊の世代　60
単純化　229
男性的会話スタイル　77
団体旅行　127, 129
地域紛争　111
小さな異文化コミュニケーション　9
済州島　217
チェックイン　142
地球温暖化　175
地球環境の保持　170
地球人　45
地球的視野　199
知識　159
チップ　142
地方出身者　68

チマ・チョゴリ　15
茶碗蒸し　85
中央志向　68
中　国　46, 91
中国語　12
中国人学生　98
駐在員夫人　114
中　絶　232
調査捕鯨　168
沈思黙考型　157
沈黙の螺旋仮説　218
通　称　18
通訳者　140
ツチ族　202
ツーリズム（観光産業）　137
定型概念　228
ディスカッション　93
ディスクジョッキー　203
ディベート大会　93
ティン・トゥーミー（Ting-Toomey, S.）　55, 193
適応行動　188
デジタル型　166
テレビゲーム　66
電子稟議　122
伝統的価値観　180
伝統舞踊　99
ドイツ　91
東京オリンピック　60
東西冷戦　60
登場人物　145
同性愛者　79
同族登用　114
東南アジア　91, 109
とおしスタイル　124
独特の視点　52
都市化現象　1
途上国　188
どっちつかず　44
トップダウン方式　122
トップ同士の交渉　153

飛び込み方式　110
ドミニカ共和国　168

な 行

長　崎　209
中曾根康弘　195
ながら族　227
名古屋　85, 160
南京大虐殺　212
南　米　11
難　民　13
難民鎖国　22
難民支援センター　17
難民政策　22
二級市民　47
二国間交渉　171
二酸化炭素の排出　170
ニーズ分析　197
日米交渉　152
日米首脳会談　155
日韓関係　216
日系企業　51
日系人　23
日系ブラジル人　36
日タイ修好記念日　195
日タイ修好条約　194
日本軍の残虐な行為　211
日本語　49
日本語学習　42
日本国籍　11
日本語補習校　41
日本社会の閉鎖性　36
日本食　66, 97
日本人　41
　——のイメージ　222
日本人会　97
日本人観光客　129
日本人教員　99
日本人町跡　194
日本人留学生　96, 99
日本的行動　99

日本的組織　124
日本の主張　168
日本の商習慣　167
日本文化　181
日本領事館　147
入国管理局　119
ニュージーランド　91
ニューヨーク　50
人間環境会議　165
人間関係　71
認識の差異　149
認識のずれ/受け取り方のずれ　→パーセプション・ギャップ
認知的障害　214
ねじれ現象　223
根強い反感　100
年齢　82
農村滞在型の観光　→アグリ・ツーリズム
ノルウェー　169

は　行

培養効果　218
バイリンガル　45
バーガー（Berger, C. R.）　101
パーセプション・ギャップ（認識のずれ/受け取り方のずれ）　149, 201
「場違いな」人間　48
パックウッド・マグナソン法　167
パック旅行　129
発想の転換　116
発砲事件　111
パーティ会場　172
花嫁焼殺　183
ハーフ　52
ハリウッド映画　222
ハワイ　143
ハングル　12
バンコク　194, 195
阪神・淡路大震災　37
反対運動　195, 210

判断基準　201
反日感情　100
反日的行動　202
万博　60
東アジア文化圏　215
ビクトリア州　139
非言語コミュニケーション　145, 226, 228
被差別体験　205
非政府組織（NGO）　57, 175, 199
否定的な意味づけ　57
人みな同じ　164, 224
被爆写真　209
皮膚の色　107
ひもつき　176
ビュッフェ方式　142
表情　89
広島　209
貧困問題　111
貧富の差　116
ファーストネーム　146
ファーム・ツーリズム（牧場滞在型の観光）　137
不安　101
不安感の払拭　159
不安・不確実性減少理論　101
フィリピン　11, 107
風俗習慣　84
風土　89, 172
フェイス　193
フェイス交渉理論　193
不確実性　101
福岡　85
複眼的視点　45
不治の身体障害　111
部族間の結婚　202
普段着の付き合い　37
ブッシュ大統領　154
フツ族　202
物理　49
侮蔑　99

不変性　5
不眠症　92
『冬のソナタ』　215
ブラジル人　229
フランス　91
ブランド品　129
フリーマーケット　97
武力行使　155
プレゼンテーション　161
プログラム開発　214
プロジェクト　188
文化　4
　——の型　157
　——の壁　45, 52
　——の橋渡し　21
文化移動　32
文化学習　92
文化祭　99
文化相対主義　183
文化的建前　145
文献調査　213
文脈　55, 223
平行線　51
閉塞感　33
平和憲法　154, 155
平和の実現への寄与　163
北京　152
ベトナム　176
ベトナム難民　17
ベルギー　206
ペルシャ湾　156
辺境　137
偏見　13
　——の低減　214
ペンシルバニア州　93
宝来聰　46
ホエール・ウオッチング　170
牧場滞在型の観光　→ファーム・ツーリズム
母語　30
母語話者　92

保証人探し　12
ホストファミリー　24
北海道　85
北方領土問題　152
『ホテル・ルワンダ』　208
ボトムアップ方式　122
ポピュラーカルチャー　215
ホームページ　99
ボランティア（団体）　57, 97
ホール（Hall, E. T.）　226
本名　18

ま　行

マイケル・ディミュロ審判　189
マイナー意識　236
マインドフルネス（思慮深さ）　101
マスメディア　149, 201
間違い探し（ゲーム）　224
町並み　228
町の景観　196
マニュアル　132
マレーシア　107
まわしスタイル　124
漫画　66
見方　181
ミスコミュニケーション　236
未知との遭遇　101
ミトコンドリアDNA　46
南太平洋　120, 234
身分証明書　204
ミャンマー　176
民主化運動　99
民族差別発言　15
民族性　99
みんな同じ　17
無関心　160
無償資金協力　195
名所旧跡　127
名誉の殺人　→ honor killing
メジャー意識　236
メジャーリーグ　191

メッセージ（情報）　3, 223
メディア・ウオッチ　221
メディアの消費者　202
メディア・リテラシー　207
メディエーター　173
メルボルン　138, 160
面会時間　105
面子　193
もう1つの観光　→オールタナティブ・ツーリズム
黙秘権　140
問題解決　233
問題行動　95

や行

約束の時間　104
役割行動　226
靖国神社　152
安福恵美子　137
山田長政　194
優越感　16, 66
有害物質　169
友人　107
ユダヤ人　23
ユダヤ人虐殺　230
よそ者　181
ヨーロッパ　201

ら行

ライセンシング契約　166
拉致問題　152
楽観主義　110
ラップ音楽　203
ラテンアメリカ　201
リエントリー・カルチャーショック　55
リオ・サミット　198
リオデジャネイロ　160
リーダーシップ・スタイル　124
リビジョニスト（歴史修正主義者）　213
留学経験　96
留学生　24
留学生活　92
留学生センター　97
留学生寮　28
領土　228
臨機応変　165
稟議書　122
倫理観　116, 232
類似性　101
ルームサービス　143
ルワンダ共和国　202
ルワンダの大虐殺　230
『ルワンダの涙』　208
礼儀　56
冷戦時代　209
歴史教育　207
歴史修正主義者　→リビジョニスト
歴史資料館　194, 195
歴史的共有体験　4
歴史の浄化　213
レクチャー方式　110
劣等感　16, 47, 49
レトリック分析　165
聾文化　59
6カ国協議　152
ロールプレイ　72
論証方法　164

わ行

和　55
賄賂　117, 232
若者文化　59
『ワシントン・ポスト』　211
湾岸危機　154
湾岸戦争　60

著者紹介

久米昭元（くめ てるゆき）
異文化コミュニケーションコンサルタント
（元立教大学異文化コミュニケーション学部教授）

長谷川典子（はせがわ のりこ）
北星学園大学文学部教授

ケースで学ぶ異文化コミュニケーション
──誤解・失敗・すれ違い　〈有斐閣選書〉
Intercultural Communication through Case Studies

2007 年 9 月 25 日　初版第 1 刷発行
2024 年 2 月 25 日　初版第16刷発行

著　者	久　米　昭　元 長　谷　川　典　子
発行者	江　草　貞　治
発行所	株式会社 有　斐　閣

郵便番号　101-0051
東京都千代田区神田神保町 2-17
https://www.yuhikaku.co.jp/

印刷・図書印刷株式会社／製本・牧製本印刷株式会社
©2007, Teruyuki Kume, Noriko Hasegawa. Printed in Japan.
落丁・乱丁本はお取替えいたします。

★定価はカバーに表示してあります

ISBN 978-4-641-28108-0

Ⓡ 本書の全部または一部を無断で複写複製（コピー）することは、著作権法上での例外を除き、禁じられています。本書からの複写を希望される場合は、日本複製権センター（03-3401-2382）にご連絡ください。